AF221174

Reiner Jungnitsch

Wie ich meiner Enkelin die Religion erkläre

Reiner Jungnitsch

Wie ich meiner Enkelin die Religion erkläre

Bibliografische Information der Deutschen Nationalbibliothek:
Die Deutsche Nationalbibliothek verzeichnet diese Publikation in der Deutschen Nationalbibliografie; detaillierte bibliografische Daten sind im Internet über http://dnb.dnb.de/ abrufbar.

Für Dorothee

Herstellung und Verlag:
BoD – Books on Demand, Norderstedt
ISBN 9783754328774

Inhalt

Wie es dazu kam

Die meisten Jugendlichen unserer Tage haben wohl ein gebrochenes Verhältnis zur Kirche und zur Religion allgemein. Das hat sicherlich viele Gründe, denen ich an dieser Stelle gar nicht nachgehen möchte. Ihre Distanz zum überlieferten christlichen Glauben bedeutet aber nicht, sie würden nicht von ähnlichen Fragen umgetrieben, die letztlich auch in der religiösen Tradition ihren Platz haben.

Es hat mich daher sehr überrascht und gefreut, als meine 17jährige Enkelin eines Tages den Wunsch äußerte, mit mir über das Thema Religion reden zu wollen. Gerne habe ich mich ihren Fragen gestellt und so gut ich konnte darauf zu antworten versucht. Sie war sehr wissbegierig und aufgeschlossen für eine Welt, die ihr bis dahin sehr fremd und unverständlich vorkam.

Sie hatte im Nachhinein offenbar den Eindruck, dass unsere gemeinsamen Erkundungen für manche ihrer Freunde vielleicht auch nützlich wären. Daher hat sie mich gebeten, unsere Gespräche nachträglich zu Papier zu bringen. So gut meine Erinnerung es vermochte nahmen sie erneut Gestalt an und mögen nun jenen, die nachträglich unseren Unterhaltungen lauschen, ebenfalls anregende Einblicke vermitteln.

1

Religion – was soll´s?

Wozu braucht man überhaupt Religion?

Wenn du so fragst, muss ich antworten: Man braucht sie zu gar nichts. Sie ist nutzlos. Das ist aber nicht negativ.

Wenn sie absolut nutzlos ist, wieso gibt es sie dann schon so lange und in so vielen verschiedenen Gestalten?

Deine Frage trifft eben nicht ganz den Punkt. Du fragst nach einem Nutzen, aber so an die Sache heranzugehen, entspricht einer Haltung, die bei allem zuerst nach der Nützlichkeit für das eigene Interesse sucht, nach der Verwertbarkeit und dem erreichbaren Gewinn. Diese Perspektive steht heute hoch im Kurs, doch sie lässt sich nicht auf die Religion anwenden. Schlimmer noch: Diese Orientierung an der Nützlichkeit verfehlt die eigentlich wichtigen Dinge des Lebens, sie zerstört sie sogar.

Da komme ich schon nicht mit. Schließlich muss es doch einen Sinn machen, wenn ich irgendwo mitmache oder mir etwas kaufe. Dann gebe ich mein Geld doch nur aus, wenn ich real dafür etwas bekomme, das ich auch gebrauchen kann. Alles andere wäre doch Unsinn.

11

Was den Schuhkauf angeht, ist das sicher richtig. Aber das Mitmachen, etwa bei einer Demon-stration, oder einem Freund beim Umzug zu helfen, geht schon über die bloße Nützlichkeit hinaus. Du sagst selber, es müsse einen Sinn machen. Das ist etwas völlig anderes. Als Helferin beim Umzug willst du deinem Freund ja einen Gefallen tun, ohne gleich dafür eine Gegenleistung zu erwarten. Vielleicht läuft deine Mithilfe sogar deinen eigenen Interessen zuwider, da du eigentlich eine andere Planung hattest für diesen Tag. Der Nutzen deines Einsatzes liegt also erstmal bei deinem Freund, nicht bei dir.

Die Schlepperei beschert dir selber wahrscheinlich das gute Gefühl eines selbstlosen Handelns gegenüber einem Mitmenschen, der Hilfe braucht. Das hat einen Sinn, jedoch mit dem Nutzenkalkül allein lässt sich dieser Vorgang nicht wirklich treffend umschreiben.

Okay, ich verstehe was du meinst. Manchmal tun wir etwas, was uns selber keinen direkten Nutzen bringt, sondern für einen Anderen von Vorteil ist.

Das ist zum Beispiel ein wesentliches Merkmal von Freundschaft. Sie besteht sogar letztlich aus einer solchen Haltung.

Wenn du etwa jemandem zum Geburtstag ein Geschenk mitbringst mit dem leisen Hintergedanken, an deinem eigenen Geburtstag von dieser Person dann ebenfalls beschenkt zu werden, dann hat das mit Freundschaft nichts mehr zu tun. Das wäre dann reines Nutzendenken, ein ökonomisches Tauschgeschäft. Wenn das Geschenk ein Ausdruck deiner Freundschaft sein soll, darf es nie mit solchen Hintergedanken verbunden sein. Du beschenkst deine Freundin, weil du ihr eine Freude machen möchtest, eben, weil sie deine Freundin ist. Punkt. Das Geschenk steht für sich. Jedes berechnende Denken hinsichtlich eines eigenen Nutzens beim Schenken wäre schon ein deutliches Zeichen dafür, dass es hier gar nicht um Freundschaft geht.

Ebenso verhält es sich bei der Liebe und der Ehe, wenigstens sollte es so sein. Wenn du einen anderen Menschen liebst, hat auch diese intensivste Form der Zuneigung ihren Sinn in sich selbst. Sie verträgt, wenn es wirklich Liebe ist, keine Verknüpfung mit einem äußerlichen Zweck oder Nutzen. Also eine Eheschließung primär als wirtschaftliche Absicherung, weil der Partner wohlhabend ist, um gesellschaftlich besser gestellt zu sein oder schlicht zur Vermeidung von Einsamkeit usw. – derartige Motive sind das genaue Gegenteil von Liebe, sie zeugen allein von egoistischen Antrieben.

13

Freundschaft und Liebe sollen also frei sein von irgendwelchen Zwecken und Nützlichkeiten. Das klingt sehr nach einem abstrakten und unrealistischen Ideal. Im Alltag geschieht es doch ständig, dass wir uns gegenseitig für irgendeinen Zweck einspannen, konkrete Erwartungen und Wünsche haben. Das scheint mir ziemlich normal zu sein. Wenn meine Freundin mich im Auto mit zur Schule nimmt, finde ich das prima. Dann ist Freundschaft doch ein ganz realer Gewinn, oder nicht?

Natürlich hast du etwas davon. Das ist auch nicht das Problem. Wir dürfen nur nicht Ursache und Wirkung verwechseln. Sie nimmt dich mit, *weil* du ihre Freundin bist und sie dir damit den Weg erleichtern kann, nicht umgekehrt. Für sie gehört das selbstverständlich zur Freundschaft dazu. Nimmt dich jemand anderes mit, ist er oder sie lediglich nett zu dir, ohne dass ihr befreundet wäret. Das Ergebnis bliebe das gleiche, aber der Hintergrund wäre völlig verschieden.

Freundschaft, Liebe und Ehe sind in diesem Sinne zweckfrei und nutzlos, aber darum nicht sinnlos. Sie haben ihren Sinn in sich selbst. Das sind die letztlich wichtigen Dinge unseres Lebens. Ohne sie wäre unser Dasein ziemlich trostlos.

Unser alltägliches Leben ist reichlich gefüllt mit Haltungen und Tätigkeiten, die jenseits der ökonomischen Nutzenkalkulation liegen, weil sie einfach von Mitmenschlichkeit geprägt sind, oder religiös gesprochen, von Nächstenliebe. Das ist uns nur oft nicht bewusst.

Beobachte einmal ganz genau dein tägliches Verhalten, ebenso das deiner Mitmenschen. Du wirst erstaunlich viele Beispiele dafür finden.

Und mit der Religion ist das genauso?

Richtig, auch sie entzieht sich, sofern sie richtig verstanden und praktiziert wird, der Nutzung zu privaten oder politischen Interessen. Auch der Glaube an Gott ist grundsätzlich zweckfrei und nutzlos, dennoch ist er nicht sinnlos.

Also, wenn jemand regelmäßig zum Gottesdienst geht, Geld für wohltätige Zwecke spendet, in der Kirche eine Kerze anzündet, täglich mehrmals betet und in der Bibel liest, dies alles aber aus der Überzeugung tut, von Gott dafür belohnt zu werden, dann ist das ein missverstandener Glaube und ein Missbrauch der Religion.

(Bitte nicht falsch verstehen: Die genannten Handlungen haben alle eine positive Bedeutung, wenn sie ohne diese Verzweckung vollzogen werden, wenn sie also sinnliche Ausdrucksformen einer dahinterstehenden Glaubensüberzeugung bleiben, statt zu einer fragwürdigen Methode religiöser Buchführung zu verkommen, weil man glaubt, auch Gott sei ein Buchhalter, der alle Worte und Taten registriert und dann mit Belohnung oder Strafe reagiert.)

Noch krasser: Wenn einer aus seiner religiösen Tradition oder einer heiligen Schrift ableitet, dass er die Menschen, die nicht seiner Vorstellung von Religion angehören, verfolgen, unterdrücken oder töten dürfe, dann ist das ein fürchterlicher Irrtum und Missbrauch. Leider sind die Jahrtausende der Geschichte als auch unsere Gegenwart viel zu oft bestimmt von derartigen Missverständnissen, Verdrehungen und Verfremdungen der religiösen Tradition.

Gut, wenn die Religion selber so zweckfrei und nutzlos im besten Sinne sein soll, dann passt das tatsächlich nicht zu vielem, was man in Sachen Religion heute geboten bekommt. Damit wird mir aber immer noch nicht klar, was Religion eigentlich ist.

Die Sache Religion genau zu definieren, ist ein echtes Problem. Es gibt vielerlei Versuche von Kurzformeln der Umschreibung, mit denen ich dich jetzt nicht belästigen möchte.

Sie treffen zwar meist wichtige Aspekte, erfassen aber nie das ganze Phänomen, weil die Welt der Religionen ein verwirrend vielfältiges, buntes und wenig einheitliches Gewächshaus darstellen, der man mit einer knappen Definition nicht wirklich gerecht werden kann. Jede der großen Weltreligionen bildet einen facettenreichen Rahmen von theoretischen Über-zeugungen und rituellen Praktiken.

Zudem ist es eine Frage des Standpunktes: Betrachte ich eine Religion von außen oder von innen, rede ich als gläubiger Mensch oder als jemand, der das alles für irrationale Einbildung und Täuschung hält usw. Die Darstellungen werden dementsprechend widersprüchlich ausfallen.

Aber gibt es denn gar nichts, worin sich alle Religionen mehr oder weniger gleichen?

Wenn man es grob auf einen gemeinsamen Nenner bringen möchte, könnte man sagen: Sie sind alle Strategien zur Lebensbewältigung.

Was soll das bedeuten?

Nun, jede Religion steht im Grund auf zwei Beinen, einem theoretischen und einem praktischen. Die

17

Theorie beinhaltet als großer Rahmen eine Deutung der gesamten Welt, sie will Antworten geben auf die großen, alten Fragen, mit denen sich das menschliche Denken und Forschen seit jeher abmüht: Woher kommt die Welt? Was ist der Mensch? Hat das alles einen Sinn? Was geschieht nach dem Tod? Gibt es eine unendliche Macht hinter der sichtbaren Wirklichkeit? usw.

Aus diesem theoretischen Konzept ergibt sich konsequenterweise dann eine praktische Anleitung für das individuelle wie das gesellschaftliche Leben. Die Leitfragen beziehen sich auf eine korrekte Lebensführung: Was ist gut und gerecht? Wie handele ich richtig? Wofür bin ich verantwortlich? An welchen Regeln kann ich mich orientieren? usw.

Es geht also stets um eine Weltdeutung und die damit verbundene Lebensgestaltung. Das ist das Grundmuster aller Religionen.

Man kann das Phänomen Religion mit ihrem Anliegen auch nochmals anders auf ihren Kern zurückführen. Die Mitte aller religiösen Traditionen kreist zentral um die Frage nach dem Tod und die Frage nach dem Sinn.

Wer sich also ernsthaft mit diesen beiden Problemen auseinandersetzt, praktiziert im Ansatz bereits das, was alle Religion letztlich ausmacht.

Insofern gibt es vermutlich keinen Menschen, der nicht in diesem weiten Sinne auf seine Weise religiös ist.

Das ist eine ungewohnte Sichtweise. Ich dachte, die genannten Themen würden mehr in der Philosophie behandelt.

Ich möchte zwischen der Philosophie und der Theologie, also der systematischen Reflexion einer religiösen Tradition, keinen so scharfen Trennstrich ziehen, weil beide eine recht große Schnittmenge aufweisen. Ein kritisches Nachdenken über den Glauben erfordert geradezu das methodische Werkzeug des Philosophen. Außerdem war das vernünftige Nachdenken über Gott und die Welt schon immer das gemeinsame Projekt von Menschen innerhalb wie außerhalb religiöser Gemeinschaften. Die Einen versuchten, ihren Glauben durch vernünftige Argumente als plausibel, sogar logisch nachvollziehbar darzustellen, während die Skeptiker oder Gegner einer religiösen Weltsicht ihrerseits bemüht waren und sind, die Wirklichkeit ohne einen religiösen Überbau, also ohne Gottesbezug verständlich zu machen. Das ist bis heute eine spannende Diskussion.

Einzelne Vertreter der Religionskritik haben wir in der Schule ansatzweise kennengelernt. Trotzdem würde ich gerne mehr darüber erfahren, weil mich das Für und Wider in Sachen Glaube und Gott in letzter Zeit doch zunehmend beschäftigt. Nicht zuletzt durch eine muslimische Freundin, deren Sichtweisen und ihre Lebenspraxis mich einerseits beeindrucken, andererseits zu immer neuen Fragen hinführen.

Ich diskutiere viel mit ihr, aber meine Kenntnisse über Religion stoßen schnell an ihre Grenzen. Deshalb bin ich froh, dass du mir hilfst, meine Wissens- und Verständnislücken ein wenig zu füllen.

Das tue ich gern. Und ich bin dankbar, dass du mir die Gelegenheit gibst, dir das etwas näher zu bringen, was mich selber schon so lange Zeit beschäftigt.

Ich möchte aber bei dieser anfänglichen Erkundung über die Religion noch einen anderen Aspekt hervorheben. Das bisher Gesagte klingt vielleicht danach, als ginge es um eine Sache, der man bei aktuell entsprechendem Interesse gegebenenfalls mal ein wenig Zeit widmen und sich mit der gebotenen Distanz der Angelegenheit nähern könnte. –

Das entspricht aber nicht der Realität. Wir stecken schon immer mittendrin. Selbst derjenige, der meint, er sei kein

20

gläubiger Mensch und er hätte mit Religion nichts am Hut, unterliegt einer kurzsichtigen Täuschung. Unser Alltag ist vielfältig durchsetzt mit religiösen Zeichen, Symbolen, Traditionen und Verweisen, die nur oft in ihrer Herkunft – und wir reden hier natürlich zuerst von der christlichen Tradition – nicht mehr bekannt und wahrgenommen werden. Eine erste kleine Auflistung möge das verdeutlichen:

- Unsere Stadtbilder werden meist immer noch von altehrwürdigen Kirchengebäuden, Domen und Kathedralen bestimmt.

- Die kirchlichen Institutionen (Bistümer, Landeskirchen) sind nicht nur personalstarke Arbeitgeber, sie sind mit ihren sozial-caritativen Einrichtungen (Misereor, Adveniat, Caritas, Brot für die Welt usw., ihren Schulen, Altenheimen, Kindergärten, Bahnhofsmissionen usw.) überall präsent und aktiv.

- Schon wenn wir das Tagesdatum notieren, nehmen wir Bezug auf den christlichen Kalender, der unsere Jahreszahl „nach Christi Geburt" definiert. Selbst die Namen unserer Wochentage und Monate spiegeln teilweise die zahlreichen Gottheiten aus griechischer, römischer und nordischer Mythologie wider.

- Unsere Vornamen stammen oft aus der Bibel oder der Heiligenverehrung.

- Die meisten Feste und Feiertage sind ohne ihren christlich-religiösen Hintergrund nicht zu verstehen.
- Ungezählte Werke der Dichtung und Literatur, der Musik und Bildhauerei bleiben ohne eine Kenntnis ihrer religiösen bzw. biblischen Figuren und Geschichten ziemlich unverständlich. Selbst viele Kinofilme schöpfen aus diesem Fundus.
- Die gesellschaftlich verbreitete Moral sowie die moderne Rechtsprechung speisen sich auch aus biblischen Quellen.

Das klingt beeindruckend, hört sich aber zugleich auch fast etwas erschlagend an. Man könnte den Eindruck gewinnen, als würden wir in einem sehr christlichen Land leben. Aber die Kirchen werden faktisch immer leerer, und das Interesse am christlichen Glauben scheint mir bei der Mehrheit der Leute sehr geschwunden zu sein.

Das ist leider so. Die hohen Austrittszahlen der Kirchenmitglieder haben sicherlich viele Gründe. Erschreckend finde ich dabei das nicht mehr vorhandene Basiswissen, das für eine inhaltliche Auseinandersetzung in der Sache notwendig ist. Und ohne eine sachliche Kompetenz macht das Diskutieren wenig Sinn.

Wer nicht gelernt hat, sich in derart weltanschaulichen Themen sachgerecht und kritisch eine Meinung zu bilden, der wird leicht zum Opfer und Mitläufer der unsinnigsten Parolen von fundamentalistischen Predigern. Gerade im Bereich der Religion ist das kritische Denken und Nachfragen unverzichtbar. Der Glaube setzt die Vernunft nämlich voraus. Das verlangt Bildung und Mündigkeit. Beides ist heute bedauerlicherweise nicht mehr selbstverständlich.

Doch zurück zur genannten Prägung unserer Gesellschaft seitens der christlichen Tradition. Die Aufzählung ließe sich beliebig fortsetzen. Sie soll nur beispielhaft aufzeigen, wie sehr wir schon immer mit irgendwelchen Facetten der Religion verbunden und konfrontiert sind. Was jedoch noch nichts aussagt über die Verbreitung und Wirksamkeit des Glaubens selbst.

Gut, aber wir leben zum Glück in einem Land, das jedem die Freiheit lässt, zu glauben, was er oder sie für richtig hält. Also ist auch niemand gezwungen, einer christlichen Kirche oder anderen religiösen Organisation anzugehören.

Die im Grundgesetz garantierte Religionsfreiheit ist ein hohes Gut, an dem nicht gerüttelt werden darf. Den

23

Staat, weil er selbst weltanschaulich neutral sein will, interessiert nicht, ob und zu welcher Religionsgemeinschaft ich gehöre. Unsere Verfassung erlaubt mir jedes Bekenntnis, sofern dessen Praxis kein Grundrecht einer anderen Person einschränkt. Diese Freiheit gilt leider auch nicht überall in der Welt.

Diese Freiheit hat auch noch ein anderes Gesicht. Wir erleben ja, und nicht nur hierzulande, neben den vielen verschiedenen christlichen Kirchen sowie jüdischen, islamischen, buddhistischen und hinduistischen Gemeinden, auch zahlreiche alte und neue Sekten und Kulte, die ihr eigenes Menü auf dem großen Herd der Religion zubereiten.

Da stellt sich dem Beobachter gelegentlich die Frage, wo überhaupt Religion anfängt oder aufhört. Was zählt noch dazu? Wann ist eine Religion gut, wann schädlich?

Damit wären wir wieder bei dem fast aussichtslosen Versuch einer Definition. Einen recht weitgefassten Nenner hat der Philosoph Erich Fromm (1900-1980) vorgeschlagen. Für ihn ist „jedes von einer Gruppe geteilte System des Denkens und Handelns, das dem einzelnen einen Rahmen der Orientierung und ein Objekt der Verehrung bietet" ein religiöses Muster. Damit ist, so sagt er, „in der Tat keine Gesellschaft der Vergangenheit, der Gegenwart und selbst der Zukunft vorstellbar, die nicht »religiös« wäre".

Dieses mehr formale Kriterium des Religiösen klärt aber noch nicht den jeweiligen Inhalt, denn „Objekt der Verehrung können Tiere oder Bäume sein, Idole aus Gold oder Holz, ein unsichtbarer Gott, ein Heiliger oder ein diabolischer Führer; die Vorfahren, die Nation, die Klasse oder Partei, Geld oder Erfolg."

Diese allumfassende Klammer führt also zu der Einsicht, dass jeder Mensch bewusst oder unreflektiert schon immer irgendeine Form von Religion faktisch anerkennt und praktiziert. Zur genaueren Prüfung stellt sich für Fromm dann die Frage:

Welche Art von Religion ist das? „Fördert sie die menschliche Entwicklung, die Entfaltung spezifisch menschlicher Kräfte, oder lähmt sie das individuelle Wachstum?" Denn „wir sind, was wir verehren, und was wir verehren, das motiviert unser Verhalten" (1).

Also, wie ist das bei dir? Was verdient deine Verehrung? Was liegt dir so sehr am Herzen, ist so unverzichtbar wichtig, so „heilig", dass du darauf nicht verzichten kannst und möchtest?

Du fragst nach einem Was, bei mir gilt aber eher ein Wer. Ich hätte zwar ein paar spontane Einfälle, aber über diese Fragen muss ich erst nochmal in Ruhe nachdenken.

Trotzdem ist mir die Sache mit der Religion nun etwas plausibler geworden, vor allem unter der Perspektive, dass ich ihrem Anliegen doch näher bin und mehr abgewinnen kann, als ich vorher dachte.

Wer sich dem Phänomen Religion sachgemäß und nüchtern nähert, der versteht bald, dass es sich dabei nicht um etwas Fremdartiges und Aufgesetztes handelt, das mit unserem alltäglichen Menschsein in keiner Verbindung steht. Es ist vielmehr zutiefst menschlich und kann unser Dasein ungemein bereichern.

Lass mich daher unser erstes Gespräch mit einem Wort des früheren Mainzer Bischofs Karl Lehmann beschließen, der das Gemeinte treffend auf den Punkt bringt: „Jede Religion muss die recht verstandene Freiheit der Menschen fördern. Gewiss kennt jede Religion Ordnung und Bindung an ethische Normen und religiöse Weisungen. Auch gehören Gehorsam und Gemeinschaftsverpflichtung zu jeder Religion.

Aber ein maßgeblicher Beweggrund für jede Religion besteht in der Überwindung infantiler Bevormundung und in der Förderung wahrer Freiheit zu einem guten Leben.

Die eigene Kritik- und Denkfähigkeit muss gefördert und vertieft werden. Begeisterung, die dies auslöschen würde, und ein blinder Fanatismus können deshalb auch sehr fragwürdige Gestalten innerhalb einer Religion werden. Sie machen sie auch grundlegend unglaubwürdig.

Jede Religion möchte dem einzelnen Menschen und den religiösen Gemeinschaften zum Finden eines unverlierbaren Lebenssinnes und auch zu einer letzten Geborgenheit verhelfen. Sie macht die Menschen nicht weltflüchtig, sondern hilft ihnen, die Gefährdungen dieses Lebens zu bestehen und an ihnen nicht zu zerbrechen" (2).

Danke. Das hilft mir echt weiter. Vor allem sehe ich jetzt, dass ein religiöser Glaube eine Menge mit kritischem Nachdenken zu tun hat.

2

Glauben – wie geht das?

Den großen Zusammenhang der Religion habe ich nun einigermaßen verstanden. Aber entscheidend ist doch, dass in jeder Religion etwas Bestimmtes geglaubt wird. Wie kommt man dazu? Wann ist man ein gläubiger Mensch?

Nun, du bist schon ein gläubiger Mensch!

Das würde ich von mir selber aber nicht behaupten. Ich glaube nicht an Gott und gehöre, wenigstens formal, zu keiner Kirche.

Das ist kein Widerspruch. In Bezug auf ein spezielles religiöses Bekenntnis hast du wohl recht. Dennoch ist es ein verbreitetes Missverständnis, Glaube sei vor allem und allein im Bereich der Religion angesiedelt. Ebenso wie die Religiosität ist auch der Glaube bei genauerer Betrachtung eine höchst alltägliche und normale Angelegenheit.

Da musst du mir wohl auf die Sprünge helfen.

Beim üblichen Gebrauch unserer deutschen Sprache kann die Aussage „Ich glaube" in ganz unterschiedlicher Bedeutung gemeint sein. Wenn du zum Beispiel sagst „Ich glaube, es wird heute noch regnen", dann drückt das lediglich eine Annahme oder Vermutung aus, von der du nicht genau weißt, ob sie stimmen wird.

Es kann so kommen, vielleicht wird sie sich auch als Irrtum herausstellen.

Schon etwas anders sieht es aus bei dem Satz „Ich glaube, dass die Zugspitze mit 2962 Metern der höchste deutsche Berg ist." Diese Information hast du vielleicht einem Lexikon entnommen und vertraust darauf, dass diese Auskunft der Wahrheit entspricht. Es geht nicht um eine Meinung oder grobe Einschätzung, sondern um eine Tatsache, die du jedoch nicht selber herausgefunden oder überprüft hast. Du glaubst denen, die die Höhe des Berges einmal gemessen haben. Das hat erstmal gute Gründe, weil wir die meisten Fakten und Ereignisse, die uns täglich zu Ohren kommen, gar nicht nachprüfen können oder wollen. Wir vertrauen recht großmütig den Nachrichten und Bildern im TV, den Berichten in der Zeitung, den Eintragungen bei Wikipedia. Auch den Mitteilungen deiner Freundin über das, was ihr gestern Abend passiert ist, wirst du uneingeschränkt glauben, obwohl es ziemlich abgedreht klingt.

Natürlich, weil sie meine Freundin ist und ich nicht davon ausgehe, dass sie mir irgendeinen erfundenen Kram erzählt, nur um sich wichtig zu machen und mich zu beeindrucken. Das würde sie nie machen.

Genau. Und damit sind wir bei der dritten Bedeutung des Glaubens. Hier geht es nicht in erster Linie um die Wahrheit äußerer Tatsachen oder Ereignisse, sondern um eure Beziehung selbst. Du glaubst deiner Freundin, weil du sie schon lange kennst, ihr quasi blind vertraust, dass sie dich nicht belügt oder hintergeht. Von diesem fundamentalen Vertrauen lebt eure Freundschaft. Das ist immer eine schöne und tragende Erfahrung, bei einem anderen Menschen so unbedingt akzeptiert, anerkannt und aufgehoben zu sein.

Ähnlich, jedoch noch intensiver und weiterreichend ist es bei einer Liebesbeziehung. Wenn dein Freund zu dir sagt, dass er dich liebt, kannst du ihm das auch nur glauben. Eine objektive Überprüfung oder einen unbezweifelbaren Beweis kann es hier nicht geben. Du kannst dich allein auf deine bisherigen Erfahrungen mit ihm verlassen, dass er es ehrlich meint. Eine wasserdichte Sicherheit ist in Freundschafts- und Liebesdingen nicht zu erreichen, so sehr wir uns das auch wünschen mögen. In Beziehungen bleibt die „Sicherheit" immer subjektiv, eine Herzens-angelegenheit, die über eine verstandesmäßige Klärung hinausreicht.

Wenn du jemanden liebst, mit ihm dauerhaft zusammen-leben, mit ihm alt werden möchtest „in guten und in schlechten Zeiten", dann verlangt das eine Entscheidung deiner ganzen Person, mit Kopf und Herz.

Du setzt in dieser Beziehung dein ganzes Leben und Wohlergehen aufs Spiel, legst es in die Hände einer anderen Person. Das braucht eine satte Portion Mut, da es das größte Wagnis bleibt, das du im Leben eingehen kannst.

Das kann ich nachvollziehen. Wenn man das so sieht, glauben wir tagtäglich das meiste, was gesagt wird, ohne dass es etwas mit Religion zu tun hat. Das ist schon erstaunlich.

Nur diese dritte Bedeutung, dieser „Hingabe-Glaube", entspricht ungefähr dem religiösen Glauben – an Gott, an Jesus, eine Weiterexistenz nach dem Tod. Auch dieser Glaube ist eine freie Entscheidung und prägt in der Folge das ganze Leben, bleibt jedoch ein Abenteuer mit offenem Ausgang. Genau darum sollte der Glaube, wohl vergleichbar mit dem Entschluss für eine Ehe, sorgsam geprüft werden. Immer wieder neu. Das wird schon im Neuen Testament gefordert: „Seid stets bereit, jedem Rede und Antwort zu stehen, der von euch Rechenschaft fordert über die Hoffnung, die euch erfüllt." (1. Petrusbrief 3,15).

Glauben und Denken waren von Anfang an Geschwister, nur Ignoranten und Dummköpfe stellen sie gegeneinander und schaffen damit ein unnötiges Durcheinander.

Gut, aber wie passen denn Glauben und Wissen nun zusammen? Die Naturwissenschaften erklären die Welt ja völlig anders als die Religionen. Wie kommt man überhaupt darauf, dass es noch eine andere Realität geben soll, die man mit unseren normalen Sinnen aber nicht erkennen kann? Wer sich lieber auf die Antworten der Wissenschaft verlässt, scheint doch klar auf der sicheren Seite zu stehen, oder nicht?

Die sichere Seite gibt es nicht, jedenfalls wenn es ums Ganze geht. Das beste Beispiel dafür, die Liebe, haben wir eben angesprochen. Wenn dein Freund ein knallharter Fan rationalen Denkens und wissenschaftlicher Genauigkeit ist, wie wird er dann reagieren, wenn du ihm gestehst, dass du ihn liebst?

Ich weiß nicht. Er hätte vermutlich ein Problem, wenn er sich allein auf seinen Kopf verlässt.

Und du würdest sicherlich enttäuscht sein, wenn er auf dein intimes Geständnis lediglich antworten würde „Okay, ist registriert." Das passt nicht zusammen.

Aber lass uns der Reihe nach vorgehen. Du möchtest wissen, wie man auf die Idee kommt, es gebe noch eine andere Ebene der Wirklichkeit, jenseits von Sehen, Hören, Tasten usw.

Es geht um die grundlegende Art und Weise unserer Wahrnehmung der Welt, die Frage „Was ist Realität?", „Wie unterscheiden wir Wirklichkeit und Illusion?" usw. (Die Begriffe Realität und Wirklichkeit können wir im Moment ohne Differenzierung verwenden.) Wie würdest du Wirklichkeit umschreiben?

Wirklich ist erstmal alles, was wir mit unseren Sinnen wahrnehmen können, also die gesamte physikalische Welt. Und ich möchte auch Gedanken und Gefühle dazurechnen, obwohl sie immer subjektiv sind. Aber sie sind da.

Gut. Dann teilst du die Welt schon, grob gesagt, in einen äußeren und einen inneren Bereich auf, einen sichtbaren und einen unsichtbaren. Selbst in der äußerlichen physikalischen Realität gilt diese Aufteilung. Den Tisch hier vor dir kannst du sehen und anfassen, jedoch die Atome, aus denen er besteht, entziehen sich deinen Sinnen. Ebenso wenig kannst du die Radioaktivität, den Magnetismus oder die Strahlung deines Handys unmittelbar sinnlich wahrnehmen.

Obwohl wir diese und viele andere Dinge nicht direkt sehen oder spüren können, bezweifeln wir nicht ihre Realität.

Aber wir können viele Sachen mit Hilfe von Instrumenten erkennen. Die Radioaktivität zum Beispiel.

Völlig richtig. Die Technik hat uns faszinierende Einblicke in diese Welt des Unsichtbaren ermöglicht. Bevor es Mikroskope gab, existierten Zellen, Bakterien und Viren für unsere Vorfahren faktisch nicht. Mit modernen Teleskopen blicken wir heute Milliarden Jahre in die Tiefen des Kosmos, was noch vor wenigen Jahrhunderten unvorstellbar war. Die Sterne, die wir abends bei klarem Himmel bewundern können, sind Millionen Jahre entfernt. Ihr Licht braucht ebenso lange, um zu uns zu gelangen, und wir wissen daher nicht einmal, ob sie heute noch existieren, weil der Blick in den Sternenhimmel faktisch ein Blick in die Vergangenheit ist, nicht in den Raum. Das ist alles schon staunenswert genug. Die Grenzen dessen, was wir Wirklichkeit nennen, haben sich im Laufe der Zeit radikal verändert. Es ist folglich gar nicht so einfach, eine abschließende Definition der Wirklichkeit zu bestimmen.

Um noch etwas mehr Ordnung in diese Überlegung zu bringen, will ich es nochmal anders angehen. Ich nenne dir nun fünf Stichworte und du sagst mir, ob und welchem Sinne sie etwas Reales bezeichnen: Zeit, Nordpol, Osterinseln, Gewissen, Gott.

Puh, das ist heavy. Sie sagen mir alle etwas, doch auf Anhieb würde ich nur den letzten Begriff, Gott, herausnehmen, da er eine Wirklichkeit meint, die vom Glauben der Menschen abhängt. Oder?

Die Existenz der anderen Sachen steht doch zweifelsfrei fest, wenigstens für mich. Wie ihre Realität aber genauer zu beschreiben ist, dafür fehlen mir im Moment die passenden Worte.

Gut, dann lass uns mal gemeinsam hinsehen. Zeit ist schon so ein schillernder Begriff. Wir denken, sie messen und beim Blick auf die Uhr einen bestimmten Zeitpunkt exakt benennen zu können. Das ist aber schon relativ, da unsere zeitlichen Maßeinheiten, vom 24-Stunden-Tag bis zum zwölfmonatigen Kalender von uns selbst festgelegte Systeme sind, um Verlauf und Dauer von Ereignissen zu beziffern und kommunizierbar zu machen. Diese Maßsysteme könnten auch anders ausfallen, schließlich gab und gibt es auf unserem Globus viele verschiedene Kalendermodelle. Wir sehen eigentlich nur äußerlich sich verändernde Zustände, die Zeit selber sehen wir nicht.

Das Problem kannte schon im fünften Jahrhundert der heilige Augustinus: „Was ist also >Zeit<? Wenn mich niemand danach fragt, weiß ich es; will ich einem Fragenden es erklären, weiß ich es nicht. Aber zuversichtlich behaupte ich zu wissen, dass es vergangene Zeit nicht gäbe, wenn nichts verginge, und nicht künftige Zeit, wenn nichts herankäme, und nicht gegenwärtige Zeit, wenn nichts seiend wäre" (3).

Was ist nun das Reale an der Zeit? Wir nehmen sie auch höchst unterschiedlich wahr: Die Hand auf der heißen Herdplatte „dauert" ungleich länger als ein Kuss von einer Minute.

Beim Nordpol ist die Klarheit auch trügerisch. Es gibt nämlich gleich zwei, einen geografischen und einen magnetischen. Der Haken: Sie liegen nicht an der gleichen Stelle. Der geografische Pol ist das Resultat einer Berechnung, die dann durch eine dauerhafte Markierung erkennbar gemacht wurde. Ohne dieses künstliche Zeichen wäre dieser Punkt physikalisch nicht zu finden. Dagegen kann der magnetische Nordpol nur mit einem Kompass aufgespürt werden, lässt sich jedoch nicht so exakt an einem Ort festmachen, er wandert nämlich.

Der Nordpol, ebenso auch der Äquator, ist also primär etwas von uns Menschen erdachtes. Ist er also im gleichen Sinne real wie Eis und Schnee in diesem Gebiet?

Warst du schon mal auf den Osterinseln?

Nein, aber ich vertraue der Angabe im Atlas, dass es sie wirklich gibt. Das ist wohl genauso wie bei dem Beispiel mit der Zugspitze. Ich könnte zur Überprüfung zwar hinreisen, dieser Aufwand wäre aber etwas zu groß um die Wahrheit der Landkarte zu bestätigen.

Du siehst, wie oft unser vermeintliches Wissen letzten Endes doch mehr ein Glaube ist. Das ist nicht negativ, da es vernünftige Gründe gibt, dem Atlas zu vertrauen.

Wie steht es nun mit dem Gewissen? Hast du eins?

Ich denke schon. Jedenfalls plagt mich gelegentlich das, was man ein „schlechtes Gewissen" nennt. Immer dann, wenn ich ziemlichen Mist gebaut habe.

Diese quälende Erfahrung kennt vermutlich jeder, was wir wiederum nur herausfinden, indem wir uns darüber austauschen.

Erst dadurch werden mir die seelischen Regungen anderer Menschen bekannt und lassen sich verallgemeinern. Wir müssen jetzt auch nicht erörtern, wie graduell unterschiedlich sich das Gewissen bei manchen Leuten meldet, oder gar schweigt. Wir benennen mit diesem Begriff eine bestimmte wertende Reaktion innerhalb unseres Bewusstseins. Gewissen ist also ein Teil unserer Innenwelt, kommt äußerlich wahrnehmbar nicht vor. Ist ein solch geistiger Inhalt genauso real wie das Haar auf deinem Kopf?

Und ist Gott jetzt nicht auch bloß eine Idee in unseren Köpfen, der außerhalb des Denkens keine Realität entspricht?

Das meinen manche Religionskritiker. Aber so einfach ist das Thema Gott nicht zu erledigen. Zumal ja gar nicht geklärt ist, was mit dem Begriff gemeint sein soll. Ich möchte hier nicht ausweichen, aber dazu gäbe es mehr als zwei Sätze zu sagen. Deswegen möchte ich gerne separat mit dir darüber reden. Okay?

Okay. Da bin ich sehr gespannt.

Was wir bisher über die Wahrnehmung der Wirklichkeit gesagt haben, kann man - zwecks Sortierung im Kopf - formal in fünf unterscheidbare Ebenen einteilen.

Erstens: Was wir ganz unmittelbar mit unseren Sinnen erfassen können. Das muss man nicht weiter erklären.

Zweitens: Was wir nur mittels technischer Hilfe wahrnehmen können. Wir sprachen eben schon über Radioaktivität, Zellen und weit entfernte Himmelskörper.

Drittens: Alles, was uns als wirklich von anderen übermittelt wird. Das umfasst das gesamte Wissen, das uns Lexika, Atlanten, Sachbücher und Internet bereitstellen. Dein gesamtes Schulwissen ist zum allergrößten Teil derart übernommenes „Wissen", auf das wir ständig zurückgreifen, ohne es gänzlich durch Nachprüfen absichern zu können.

Viertens: Was du durch Nachdenken und Empathie herausfinden kannst.

Auf dieser Ebene liegen z. B. mathematische und physikalische Theorien und Modelle, etwa über den Aufbau der Materie, aber auch das Gewissen.

Die fünfte Ebene folgt durch einen fließenden Übergang, da sie die Dinge enthält, deren Wahrheit sich nicht sofort oder kurzfristig erkennen lässt, sondern nur über einen längeren Zeitraum, die vielleicht sogar ein ganzes Leben beanspruchen. Die Freundschaft und die Liebe haben hier ihren Platz, daneben auch solche Begriffe wie Gott, Seele oder Jenseits.

42

Die Schriftstellerin Luise Rinser hat das einmal so erläutert: „Es gibt verschiedene Arten von Wirklichkeit. Ein Stein ist wirklich. Daran zweifelst du nicht. Aber im Buddhismus gibt es eine philosophische Strömung, die sagt, es gibt nichts derart Wirkliches, alles existiert nur innerhalb des menschlichen Bewusstseins. Wir im Westen meinen das nicht. Aber immerhin gibt es auch bei uns die Ansicht, dass vor den materiellen Dingen die Idee von ihnen existiert. Beispiel: Wenn du einen Tisch anschaust, dann siehst du eine in besonderer Form angeordnete Ansammlung von Atomen. Zerschlag den Tisch, dann hast du einfach nur Holzstücke. Verbrenn diese Holzstücke, und der Tisch ist nicht mehr da. Aber man kann einen neuen Tisch machen, denn: was zerstört wurde, ist nur die Materie, aber nicht die Idee >Tisch<. Erst wenn im menschlichen Bewusstsein die Idee Tisch zerstört würde, wäre kein Tisch mehr möglich. Die echte Wirklichkeit liegt also nicht in der Materie, sondern in der Idee. (…) Was ein Mensch erlebt, das ist für ihn wirklich" (4).

Kannst du damit etwas anfangen?

Das ist jetzt zwar eine satte Ladung an Denkstoff, aber ich komme einigermaßen mit. Von der Wirklichkeit zu sprechen, ist alles andere als simpel. Wer also auf dem

Standpunkt beharrt, es sei nur real, was man sehen und anfassen kann, der steht auf einem ziemlich schmalen Brett.

Und wer diese naive Sichtweise vertritt, der müsste konsequenterweise auch behaupten, dass sich die Sonne um die Erde dreht, obwohl er es doch besser wissen sollte. Denn wir sehen in der Tat die Bewegung der Sonne, die sich um uns herum zu drehen scheint. Heute wissen wir, wie sehr uns der Augenschein trügt.

Dieses bessere Wissen ist ja das Ergebnis naturwissenschaftlicher Forschung und Entdeckung. An diesen Fakten führt kein Weg mehr vorbei. Also kann man doch festhalten, dass die Naturwissenschaften bis heute eine Menge gültige Erklärungen über die Welt herausgefunden haben.

Wir kennen die Ursachen von Blitz und Donner, brauchen dafür keine wütenden Gottheiten mehr. Krankheiten erklären wir beispielsweise mit Viren statt mit bösen Geistern. Die Astronomen beschreiben den Anfang des Universums mit einem Urknall usw.

Die Erforschung der Welt geht doch immer weiter. Kann es nicht sein, dass in einer fernen Zukunft alles erforscht und erklärt sein wird?

Natürlich wissen wir heute aufgrund des fortschreitenden Wissens viele Zusammenhänge besser als frühere Generationen. Gerade auf die Errungenschaften der modernen Medizin wird niemand mehr verzichten wollen. Trotzdem entspricht die Hoffnung auf eine künftig lückenlose Erklärungs-Kompetenz der Naturwissenschaft keineswegs den realen Bedingungen der Forschung. Wir müssen nämlich fragen, wie naturwissenschaftliche Erkenntnisse zustande kommen, wie ein Biologe, Physiker oder Chemiker praktisch arbeitet.

Beobachten, Daten sammeln, Experimente machen und wiederholen, schließlich eine Theorie oder Formel daraus ableiten, die andere Forscher wiederum überprüfen.

Ja, so in etwa verläuft das wissenschaftliche Arbeiten. Diese Methodik ist ein offener Prozess und auf Erweiterung und Verbesserung angelegt.

Wenn nämlich ein Forscher morgen etwas beobachtet, das mit der bisher allgemein akzeptierten Erklärung nicht übereinstimmt, muss sie neu formuliert oder manchmal sogar als ganz untauglich eingestuft werden. Im letzteren Fall beginnt die Suche nach einer befriedigenden Antwort wieder von vorne. Das macht die Wissenschaft (und wir reden hier nur von der Natur-Wissenschaft) zu einem höchst spannenden Unternehmen, zeigt aber zugleich, dass wir uns dabei immer nur auf einen jeweils aktuellen Stand der Forschung stützen können, auf die Theorien und Modelle, die unter den Fachleuten mehrheitlich anerkannt sind. Bereits morgen könnte sich das ändern. Vor Aussagen, die für die Ewigkeit gelten sollen, wird sich ein vernünftiger Wissenschaftler hüten.

Würdest du beispielsweise ein schulisches Physiklehrbuch von 1921 mit einem entsprechenden Werk von 2021 vergleichen, wäre der Wissensfortschritt krass auffällig.

Viel wichtiger als dieser ständige Wandel ist jedoch ein anderer Punkt, nämlich der Gegenstand des Forschens: Was untersucht der Naturwissenschaftler, und was nicht? Kurz gesagt, ihn interessiert eigentlich nur die Außenseite der Dinge, das WIE ihres Entstehens, ihrer Entwicklung und Reaktionen.

Bleiben wir bei deinem Hinweis auf die Astronomie, die den sogenannten Urknall erforscht.

Alle physikalischen Erklärungsbemühungen drehen sich um die äußerlichen Vorgänge am Anfang des Kosmos vor 13,8 Milliarden Jahren. Was den Naturforscher jedoch nicht interessiert, weil es nicht zu seiner ansonsten sehr erfolgreichen Arbeitsmethode passt, ist die Frage nach dem WARUM.

Warum es den Urknall gegeben hat, warum es unser Universum überhaupt gibt, warum sich aus toter Materie schließlich Lebewesen entwickelt haben usw.

Solche Fragen wurden aus dem methodischen Programm der Wissenschaft ausgeklammert. Das ist auch völlig in Ordnung, da alle Fragen nach einem Warum und einem Sinn eben wissenschaftlich nicht zu klären sind, weil sie einen philosophischen und religiösen Charakter haben. Man nennt die Ausklammerung derartiger Fragen den „methodischen Atheismus" der Naturwissenschaft, weil die Forscher die Fragen nach Gott oder einem Jenseits aus ihrer Wissenschaft heraus nicht beantworten können, weil ihr Werkzeug dafür nicht geeignet ist. Für den Physiker etwa ist Gott kein „Objekt" seiner Forschung. Er kann als Mensch natürlich an Gott glauben, als Wissenschaftler aber hat der zur Frage nach der Existenz oder Nichtexistenz Gottes nichts beizutragen.

Das ist die Grenze wissenschaftlicher Erkenntnis, die nicht überschritten werden kann, zumindest wenn ein Forscher seine eingeschränkte methodische Kompetenz ernsthaft beachtet. Das wird sich auch künftig nicht ändern. Die für uns Menschen letztlich wichtigen Fragen zur Bewältigung des Lebens – du erinnerst dich, was wir über das Grundprogramm der Religion angesprochen haben – können wir nicht aus dem Physiklehrbuch entnehmen.

Damit wären wir wieder bei der Religion angekommen, die uns die offenen Fragen endgültig beantworten kann?

Im Prinzip schon, aber nicht im Sinne eines Lückenfüllers. Die Religion fängt nicht dort an, wo die Wissenschaft nicht weiterweiß. Es geht um ein grundsätzliches Zueinander beider Bereiche. Der Wissenschaftler *erklärt* (auf der Basis seines aktuellen Wissens), die Religion *deutet* dieses Wissen auf dem Hintergrund einer umfassenden Überzeugung, was es mit der Welt und dem menschlichen Leben auf sich hat, was das alles zu bedeuten hat.

Der österreichische Philosoph Ludwig Wittgenstein (1889-1951) hat das vor hundert Jahren auf eine passende Formel gebracht: „Wir fühlen, dass selbst, wenn alle möglichen wissenschaftlichen Fragen beantwortet sind, unsere Lebensprobleme noch gar nicht berührt sind" (5).

Versuchen wir es etwas kleiner zu buchstabieren. Wenn du über deine Freundin genau wissen möchtest, wer sie ist, werden dir dazu alle wissenschaftlichen Daten zu ihrer körperlichen Erscheinung bis hin zu ihrem genetischen Code genügen - also alles, was faktisch gegeben und belegbar ist?

Natürlich nicht. Das wären ja alles richtige und nützliche Informationen, aber die Frage nach ihrer Persönlichkeit ist damit nicht beantwortet.

Genau das hat Wittgenstein gemeint. Aber spinnen wir den Faden noch etwas weiter. Zwecks weiterführender Auskünfte über deine Freundin, könntest du (jetzt mal theoretisch durchgespielt) beim Einwohnermeldeamt, bei der Polizei, der Bank und überall im Internet die entsprechenden Angaben über sie zusammentragen. Du kannst auch ihre Eltern und Geschwister, ihre anderen Freunde, Nachbarn und Kameraden über sie befragen, um dein Bild zu vervollständigen. Wirst du am Ende dieser Untersuchung endlich wissen, wer sie ist?

Wohl nicht. Mein Bild von ihr wird durch all diese Auskünfte ziemlich bunt und teils auch widersprüchlich geworden sein. Auf die Ausgangsfrage finde ich trotzdem keine abschließende Antwort. Gibt es da keine Lösung?

Nein, die gibt es nicht. Und das ist auch gut so. Du hast neben den objektiven Daten eine Menge subjektiver Wahrnehmungen über deine Freundin gefunden, die notgedrungen nicht alle zueinander passen wollen. Dabei waren ausgerechnet die subjektiven Sichtweisen anderer Menschen näher an ihrer Persönlichkeit dran als die medizinischen Befunde. Am Ende aber bleibt deine Freundin selbst für dich immer noch geheimnisvoll. Das gleiche gilt auch für dich und mich und jeden anderen Menschen. Niemand von uns kennt sich selbst zu hundert Prozent, entsprechend erkennen wir andere Personen auch nur in einem begrenzten Rahmen. Das macht jede zwischenmenschliche Beziehung erst spannend, weil sie immer unabgeschlossen bleibt. Alles andere wäre langweilig.

Worauf ich aber hinauswollte: Die wissenschaftlichen, objektiven Daten berühren nicht das Eigentliche, sie bleiben ein nacktes Gerüst, das uns bei der konkreten Lebensgestaltung noch nicht weiterbringt.

Im Falle deiner Freundin liegt ein viel größeres Gewicht bei deiner subjektiven Erfassung und Deutung ihres Verhaltens, ihrer Worte, Gestik und Mimik. Es ist ein ganzheitlicher Vorgang der Wahrnehmung, bei dem der Kopf zwar beteiligt ist, der aber über eine verstandesmäßige Erfassung hinausgeht.

Um die Welt und das Leben auch nur einigermaßen verstehen und das alltägliche Miteinander förderlich bewältigen zu können, bedürfen wir dieser Deutungen, brauchen wir Ideen von Sinn, von Richtig und Falsch, von einem größeren Bezugsrahmen, in dem wir unseren Platz im großen Welttheater hinreichend erkennen können. Ohne solche Deutungen, egal welchen Entwurf sie anbieten, funktioniert das Leben nicht. Wir Menschen waren schon immer deutende Lebewesen, die daraus Kulturen und Zivilisationen geschaffen haben.

Die Religion – oder konkreter: das Christentum, der Islam, das Judentum, der Buddhismus usw. – ist ein mögliches Deutungsmuster für das Leben und die Welt. Ein Angebot, das anzunehmen niemand gezwungen wird, mit dessen Stimmigkeit sich aber jeder auseinandersetzen darf, um zu sehen, ob man sich mit seinen Fragen in dessen Antworten wiederfinden kann.

Wenn es sich also so verhält, wie wir eben besprochen haben, dass wir nämlich im Alltag ganz selbstverständlich viele Dinge glauben, dann ist es völlig legitim, diesen Alltagsglauben einer kritischen Prüfung zu unterziehen. Und auch die Glaubensauffassungen einer jeden Religion bedürfen ständig der Verantwortung vor der Vernunft. Denn, und das ist ein Grundsatz christlicher Theologie, es darf nichts geglaubt werden, das einer kritischen Reflexion nicht standhält.

Ich wusste nicht, dass in der Theologie so viel Wert auf die Vernünftigkeit des Glaubens gelegt wird.

Ja, in der Theologie, die sich als kritische Reflexion des überlieferten Glaubens versteht. Das bedeutet leider nicht, dass alle, die zu einer christlichen Glaubensgemeinschaft gehören, sich immer ausgiebig über ihren Glauben informieren, mit anderen diskutieren und jedem Außenstehenden, der daran etwas nicht versteht, wirklich sachgerecht Auskunft geben könnten. Das wäre zwar ideal, ist aber bei einem ausgefüllten Arbeitstag in Beruf, Schule und Familie für die meisten Gläubigen kaum praktikabel.

Wenn das, was geglaubt wird, auch vernünftig sein soll, kriege ich zwei Dinge nicht zusammen: Wie kann dann ein halbwegs gebildeter Mensch von heute an die Geschichten der Bibel glauben, dass Gott die Welt in sieben Tagen gemacht habe, zwei erste Menschen in einem paradiesischen Garten herumgelaufen sind usw.? Das passt doch irgendwie nicht zusammen.

Nun, dazu müssen wir beachten, dass die Bibel aus dem Vorderen Orient und einer Zeit stammt, in der man völlig anders gesprochen und geschrieben hat als wir es gewohnt sind.

Die Schöpfungserzählungen im Buch Genesis sind über zweieinhalb Jahrtausende alt. Gehen aber auf noch ältere mündliche Überlieferungen zurück. Ihre Sprache ist die der damals verbreiteten Mythen, eine Ausdrucksweise, die uns ziemlich fremd geworden ist. Mythische Erzählungen sind uns von vielen Völkern rund um die Welt bekannt.

Hast du mal ein Beispiel davon?

Natürlich. Ich will dir sogar zwei kurze Auszüge vorstellen.

Das erste Beispiel stammt aus der griechischen Mythologie. Dort heißt es:

„Zuallererst war Chaos da. Es war der leere Raum. Und dann war da Gaia, die Urmutter Erde. Und dann war da Tartaros, der Abgrund. Und dann war da Eros, die Kraft der Liebe. Eros wirkt auf ewig. Und aus dem Chaos ging Dunkel hervor. Und dann erschien das Licht. Und Gaia erzeugte Himmel und Erde; der Himmel war Uranos. Und Gaia verband sich mit Uranos..."

Das zweite Zitat gehört zu einem Schöpfungsmythos der Hopi, einem Indianerstamm in Nordamerika:

„Die erste Welt war Tokpela - unendlicher Raum. Zuerst, so heißt es, gab es nur den Schöpfer Taiowa. Alles Übrige war unendliche Leere ohne Anfang, ohne Ende, ohne Zeit, ohne Form, ohne Leben.

In dieser unermesslichen Leere waren Anfang und Ende, Zeit, Form und Leben allein im Geist des Schöpfers Taiowa. Denn er, der Unbegrenzte, erdachte das Begrenzte..." (6).

Was sagen dir diese Texte?

Das ist wirklich eine fremde und phantasievolle Vorstellungswelt. Es sind große und kräftige Bilder, die von einem chaotischen Zustand am Anfang der Zeit erzählen und von Göttern, die aus diesem Chaos eine geordnete Welt erschaffen. Toll finde ich, dass bei den Griechen die Kraft der Liebe eine so wichtige Rolle spielt.

Phantasie ist ein treffendes Stichwort. Mythen entstanden in der Phase der Menschheit als es weder Philosophie noch Wissenschaft gab. Mit diesen bildgewaltigen Erzählungen wollten unsere Vorfahren erklären, warum die Welt so ist wie sie ist. Warum es regnet oder Dürre herrscht, woher Gut und Böse kommen, wieso es Reichtum und Armut gibt, wo diese gefährliche und wunderbare Welt ihren Ursprung hat usw.

Diese „Erklärungen" gaben ihnen eine gewisse Sicherheit in einer geheimnisvollen und bedrohlichen Umwelt. Sie hielten die Angst vor dem Unbekannten in Grenzen, begründeten Vertrauen und Zuversicht in die Zukunft und halfen zu einem respektvollen Umgang mit den Göttern sowie den Mitmenschen und der Natur. Kulte und Lebensregeln ergaben sich unmittelbar aus diesen Vorstellungen. Diese geglaubten Wahrheiten über die Welt und das Leben prägten ganz unmittelbar das Lebensgefühl und das Verhalten in der Gemeinschaft.

Kommen wir nun wieder zurück zu den biblischen Geschichten, die für einen heutigen Leser vergleichbar unverständlich klingen müssen.

Da sich die Schöpfungserzählungen der Bibel einer mythischen Sprache bedienen, ihre „Botschaft" also vorrangig in Bildern und Symbolen ausdrücken, dürfen sie niemals wortwörtlich verstanden werden. Um sie angemessen interpretieren zu können, bedarf es einiger Kenntnisse über diese Literaturgattung, die Kulturen, Religionen und Sprachen des Vorderen Orients sowie die Ergebnisse moderner Bibelwissenschaft.

Das klingt wieder nach einem Programm zur intellektuellen Vollbeschäftigung, das selbst für einen gläubigen Normalo nicht mehr zu leisten ist.

Da muss ich dir recht geben. Ich will auch nur andeuten, wie die Fachleute sachgerecht mit dieser alten literarischen Erbschaft umgehen, was sie dabei alles mitbedenken müssen.

Schließlich gehört solche bibelwissenschaftliche Arbeit zu einer reflektierten Verantwortung des Glaubens.

Wir dürfen beim Lesen auch nicht vergessen, dass es religiöse Texte sind, die Verfasser (die wir nicht mehr namentlich kennen) folglich nichts anderes im Sinn hatten, als durch diese Geschichten etwas über ihren Glauben auszudrücken. Der Glaube der Israeliten, von dem das Alte Testament in vielerlei Geschichten erzählt, will mit diesen ersten Kapiteln der Bibel bereits hervorheben, was dann zum tragenden Fundament der jüdisch-christlichen Tradition wurde.

Wenn wir diese Aussageabsicht der biblischen Autoren ernstnehmen, entgehen wir auch der beliebten und naheliegenden Versuchung, in diese Texte eine quasi naturwissenschaftliche Beschreibung über den Anfang des Kosmos und die Entwicklung des Lebens hineinzulesen. Daran ist die Bibel nicht interessiert. Sie in dieser Weise „gegen den Strich" auszulegen, führt nur zu völlig irrationalen Konstruktionen und verfehlt den Kern der Sache.

Und dieser gemeinte Kern besteht nun worin?

Ich versuche es kurz zu machen: Die biblische Deutung der Welt und des Lebens beginnt mit der Überzeugung, dass die gesamte Welt keinem blinden Zufall entspringt, auch keinem Wirken verschiedener Götter. Es gibt nur einen einzigen Gott, der alles, was es gibt, erschaffen hat. Die gesamte Schöpfung hat er den Menschen anvertraut, damit sie sie „bebauen und behüten". Der Mensch, als Mann und Frau gleichberechtigt, ist Teil der Natur, daher mit allen anderen Lebewesen geschöpflich verbunden. Zugleich ist der Mensch in einer besonderen Rolle und Verantwortung, da nur er über ein qualitativ erweitertes Bewusstsein und eine hochentwickelte Sprache verfügt. Beide Merkmale befähigen nur ihn, über seinen Ursprung nachdenken zu können und eine Beziehung zu seinem Schöpfer zu suchen.

Das ist die Basis in schmerzlicher Kürze. Vieles mehr gäbe es zu erläutern, doch wir wollen hier erstmal dem großen roten Faden folgen.

Trotz dieser allzu knappen Skizzierung dürfte dir vielleicht manches bekannt erscheinen.

Ja, tatsächlich. Ich wusste nicht, dass in der Bibel schon die Gleichberechtigung der Geschlechter angesprochen wird. Und auch die Verantwortung für die Umwelt ist ja hochaktuell, obwohl die Leute damals noch nichts von der Klimakrise wussten.
Ich sehe schon, eigentlich sollte ich die Geschichten beizeiten mal in Ruhe selber lesen. Da tauchen dann garantiert eine Menge weiterer Fragen auf...

Selber lesen, sich informieren und eigenständig nachzudenken hat immer der Vorrang. Du sollst auch meinen Ausführungen nicht ungeprüft glauben, denn letztlich geht es um deinen eigenen Glauben, den du selber mit guten Gründen zu vertreten hast. Niemand sollte die Wahrheit für dich vorkauen, die dann nur noch bequem zu schlucken wäre. Woran du dich im Leben sinnvoll orientieren kannst und willst, was dir bei deinen alltäglichen Entscheidungen einen Halt bietet, kannst du nur selber herausfinden. Diese Mühe bleibt keinem erspart, der nicht einfach nur mit dem Strom schwimmen will.

Umgekehrt bedeutet das aber nicht, es gäbe keine Einsichten und Erkenntnisse, die man nicht übernehmen dürfte. Keiner von uns beginnt mit seiner Suche nach tragfähigen Antworten am Nullpunkt. Auch andere hatten schon dieselben Fragen und Probleme – und haben dazu etwas herausgefunden. Was mir davon vertretbar erscheint, darf ich getrost annehmen und weiterreichen.

Das wird dir spätestens dann richtig bewusst, wenn du einmal selber Kinder hast, die mit ihren unkonventionellen Fragen deine Weltsicht auf eine harte Probe stellen. Wenn dein Sprössling etwa wissen möchte, wo er denn vorher war, bevor er in deinem Bauch herangewachsen ist.

Da gilt es tief durchzuatmen, damit nicht vorschnell unbedachte Formulierungen den kleinen Kopf überfordern oder verwirren. Denn hier geht es schlicht um die großen philosophischen Fragen nach dem Wesen des Menschen, nach der Seele, dem Anfang und Ende des Lebens. Da wollen die Auskünfte wohl überlegt sein.

Bleiben wir aber bei unserem roten Faden.

Dir ist wohl aufgefallen, dass diese biblische Weltsicht als umfassende Deutung der Wirklichkeit weit über das hinausreicht, was die Naturwissenschaften darüber beizutragen vermögen. Wer du bist, wie du dein Leben gestalten willst, was im konkreten Fall richtig oder falsch ist, ob diese oft widersprüchliche Welt und das komplexe Geflecht des Lebens einen Sinn hergeben, kann dir kein

Physiker, Chemiker oder Biologe beantworten. Der Blick in die Natur sagt uns nicht, wie wir leben sollen. Dazu helfen uns nur philosophische und religiöse Ideen und Perspektiven.

Die Religion ist als Deutungs-Horizont wohl diejenige, die am tiefsten und radikalsten das Leben des Einzelnen beansprucht. Sie ist weniger eine vom Kopf akzeptierte Theorie über Welt und Mensch, sondern eine begründete Lebenshaltung. Sein Leben in diesen Horizont zu stellen und sich von der darin verborgenen Wahrheit immer wieder im Denken und Handeln herausfordern zu lassen, das ist Glaube.

Damit wird auch klar: Religiöser Glaube bedeutet eben nicht das naive Fürwahrhalten irgendwelcher Sätze im Glaubensbekenntnis, in der Bibel oder im Katechismus. Sie sind nur Mittel und Wege hin zur Erfahrung des Geheimnisses, das darin aufleuchten kann, aber in den Gefäßen der Sprache nie angemessen transportiert werden kann.

Der Theologe Hans Küng hat das Gemeinte einmal so ausgedrückt: „Der Glaube an Gott ist wie das Wagnis des Schwimmens: Man muss sich dem Element anvertrauen und sehen, ob es trägt."

Das scheint mir ein guter Vergleich zu sein, denn diese Erfahrung kann ich gut nachvollziehen.

3

Tod – das sichere aber offene Ende?

Da hattest zu Beginn erklärt, dass sich alle Religionen wesentlich um zwei Themen drehen, die Fragen nach dem Sinn und nach dem Tod. Einen Sinn für das Leben bietet, soweit ich verstanden habe, die alltägliche Orientierung an den Grundüberzeugungen der Religion. Dazu gehört doch auch das Schicksal am Lebensende. Du glaubst demnach wirklich an ein Leben nach dem Tod?

Ja, das tue ich. Du nicht?

Nach allem, was du mir bislang über Glaube und Religion beigebracht hast, bin ich mir nicht mehr ganz so sicher, neige aber immer noch eher zu einem Nein.

Und woran machst du das fest?

Es ist doch offensichtlich: Wenn ein Mensch stirbt, zerfällt sein Körper, der Leichnam wird beerdigt oder verbrannt. Das war's. Sein Leben ist endgültig vorbei, wie ausgelöscht. Die Angehörigen und Freunde werden sich noch eine Weile an ihn erinnern, aber auch diese Spuren werden irgendwann vergangen sein.

Das alles ist völlig korrekt. Dennoch muss das nicht die ganze Wahrheit sein, weil diese äußerliche Faktenbeschreibung nicht unbedingt das Ganze des Menschseins konsequent mitbedenkt. Wissen wir denn so genau, was Materie und Bewusstsein eigentlich sind?

Ich wäre vorsichtig, allzu vollmundig ein klares Wissen darüber zu besitzen, was beim Tode eines Menschen geschieht, ob unsere Augen vollends alles erfassen können, was dabei vor sich geht.

Der Tod ist den Lebenden schon immer als ein höchst schmerzliches Mysterium des Daseins begegnet. Er kommt meist unerwartet und zerstört augenblicklich eine einzigartige und individuelle Lebensgeschichte, zerreißt abrupt die langjährigen Beziehungen zu diesem geliebten Verstorbenen. Als das einzig Unausweichliche im Leben wirft er seinen langen Schatten über unseren gesamten Lebensweg. Zugleich sind wir Menschen offenbar die einzige Spezies, die über ein deutliches Bewusstsein der eigenen Sterblichkeit verfügt. Die Angst vor dem endgültig fallenden Vorhang lässt uns diese Tatsache aber gerne verdrängen. Der Tod ist für die meisten Leute kein vertrauter Begleiter mehr.

Schon der griechische Philosoph vertrat die Ansicht, wir sollten uns um den Tod gar nicht kümmern, denn solange wir leben, sei der Tod nicht da, und wenn er eintrete, dann seien wir nicht mehr da.

Schließlich fällt es auch schwer, sich vorzustellen, einmal nicht mehr da zu sein, verschwunden wie der Schnee von gestern. Und noch weniger wollen wir hinnehmen, dass unsere Liebsten plötzlich von unserer Seite weggerissen werden. Diese Angst ist doch sehr verständlich.

Natürlich, weil wir alle nicht wirklich wissen, was der Tod bedeutet, ob es noch ein Danach gibt, und wenn ja, wie es beschaffen sein wird. Was im und nach dem Tod geschieht, ist kein Gegenstand mehr für eine wissenschaftliche Erforschung. Untersuchen lässt sich bestenfalls der biologische Zerfallsprozess des Körpers, was aber unsere eigentliche Frage nicht beantwortet. Was möglicherweise nach dem Ende auf uns wartet, das Nichts oder ein anderes Dasein, bleibt eine Sache der Weltanschauung, des Glaubens. Das gilt sogar für den Verfechter der nüchternen Ansicht, dass auf dem Friedhof die Endstation definitiv erreicht sei. Diese Position kann auch er nicht schlüssig beweisen, sondern muss sie glauben. Und egal, was man angesichts des Sarges glaubt, es spiegelt ein ganzes Welt- und Menschenbild, das nicht ohne Auswirkungen sein wird auf das allgemeine Lebensgefühl und die Ansicht darüber, was im Leben wichtig sei.

Warum also fällt es so schwer, die Blickrichtung zu ändern, denn über den Tod nachzudenken und zu sprechen ist vielleicht die sinnvollste Art, über das Leben etwas Wesentliches zu entdecken?

Wie meinst du das?

Ganz einfach, weil uns das Wissen um unsere Sterblichkeit einen besonderen Geschmack vermittelt für die begrenzte Zeit, die uns zur Verfügung steht. Es macht die Tage kostbar, denn wir können sie nicht festhalten und nicht wiederholen. Sie vergehen einfach, Jahr um Jahr. Am Ende aller Tage stellt sich dann vielleicht die Frage, was wir mit unserer Zeit angefangen haben. Wurde sie, wenigstens phasenweise und mit guter Absicht, für mehr oder weniger wichtige Ziele investiert, oder haben wir sie einfach so verstreichen lassen?

In deinem jugendlichen Alter ähnelt das Zeitgefühl vermutlich mehr einem offenen Horizont, da man ja das „ganze Leben noch vor sich hat". Das ist auch gut so. Nach einer Reihe verflossener Jahre im sogenannten Erwachsenenalter wandelt sich die Wahrnehmung. Wir versuchen erste Bilanzen aufzustellen, bewerten den Verlauf und den erreichten Stand der Dinge. Die Uhr tickt nun irgendwie schneller. Wir haben aber noch eine Menge Pläne, wollen noch dies und das erleben und erledigen, die Tage nutzen, „etwas aus dem Leben machen". – So oder so ähnlich, scheint mir, ergeht es jedem von uns.

Aber nicht jede Biografie verläuft dabei so „normal" über die durchschnittlichen 70 oder 80 Jahre. Auf der Strecke passiert dann vielleicht ein Unfall, eine tödliche Krankheit, und dann ist alle Planung auf einen Schlag hinfällig.

Ja, das Leben kann uns auch von seiner brutalen und tragischen Seite begegnen. Der urplötzlich einbrechende Tod erscheint nur noch absurd, ungerecht und lässt umso verzweifelter nach einem Sinn fragen. Das Sterben eines Kindes oder der unverschuldete Verkehrstod eines Familienvaters, das hundertfache Lebensende bei einem Flugzeugabsturz usw. lassen die Hinterbliebenen fassungslos zurück. Solche Schicksale verschärfen nochmals das Fragezeichen, wie wir mit dem Tod zurechtkommen sollen, was es mit diesem Leben auf sich hat, da es sich so bitter anfühlen und manchmal so unerwartet schnell vorbei sein kann.

Da habe auch ich mehr Fragen als Antworten. Mein Glaube hat in solchen Fällen leider keine für den Kopf wirklich befriedigende „Lösung". Einer Mutter, die am Verlust ihres geliebten Kindes zu zerbrechen droht, vermeintlich tröstend zu sagen, dessen schmerzlicher Tod habe sicherlich einen Sinn gehabt, den wir nur nicht verstehen, ist einfach nur zynisch. – Eine religiöse Orientierung kann in derartigen Situationen leicht überstrapaziert oder missbraucht werden.

Der Glaube kann trösten und Halt geben, aber er ist keine schnell einsetzbare Allzweckwaffe gegenüber den vielen Wider-sinnigkeiten des Daseins. Auch ein gläubiger Mensch wird von den dunklen Seiten des Lebens nicht verschont, hat nicht für jeden Topf einen Deckel.

Aber er bewegt sich mit Verstand und Gefühl in einem Rahmen, der ihn hoffentlich durch dunkle Tage zu tragen vermag. Der Tod ist eben eine solche Herausforderung.

Wie man der bleibenden Unsicherheit trotzdem mit einer positiven Haltung entgegentreten kann, hat der Schweizer Politiker Jean Ziegler so ausgedrückt: „Um die Angst vor dem eigenen Tod wenigstens teilweise zu mindern, gibt es nur einen Weg, den ich mühsam zu beschreiten versuche: Jeden Tag - durch Gedanken, Taten und Träume - so viel Glück für sich und die andern, so viel Sinn zu erschaffen, dass, am Ende des Lebens, dieses Leben seiner eigenen Negation so viel Sinn wie möglich entgegenzusetzen vermag" (7).

Das Motto gefällt mir. Es ist sehr menschlich und drückt doch nüchtern eine große Hoffnung aus, dass am Ende seine lebenslange Mühe nicht umsonst gewesen ist. Das ist, wenn ich richtig verstanden habe, doch auch eine religiöse Einstellung.

Ganz richtig. Ziegler hat das aus seinem christlichen Selbstverständnis heraus formuliert. Dem kann ich mich anschließen.

An dieser Stelle schließt sich ein erster Kreis unserer Überlegungen. Der anfänglichen Beobachtung des biologischen Zerfalls beim Eintritt des Todes steht nun quasi die Innenwelt dieses Menschen, seine geistige oder seelische Seite, gegenüber. Diese geistige Dimension hat sich während seines gesamten Lebensweges aufgebaut und entfaltet, genau entgegengesetzt zur Eigenart des Körpers, der mit der Zeit ständig mehr Einschränkungen unterliegt, bis hin zum endgültigen Stillstand. Den verwesenden Körper geben wir der Erde zurück, worin er sich langsam auflöst. Über das Schicksal seiner Innenseite, seines Bewusstseins, seiner Seele (oder wie immer man es nennen will) wissen wir aber nichts. Der Geist ist eben nicht materiell, endet darum nicht wie der Körper. Daher greift die Behauptung, der Friedhof sei die ultimative Endstation des Menschen, eindeutig zu kurz. Die Religion gibt das, was den Menschen wesentlich ausmacht, nicht so schnell verloren. Sie lebt von der Hoffnung, dass seine Persönlichkeit, also die Summe all dessen, was er geistig erarbeitet, erdacht, erlitten, gewusst und geliebt hat, nicht spurlos im Nichts verschwindet, als hätte es diese Person niemals gegeben. Der Glaube denkt sehr groß von jedem einzelnen Menschen und seiner Bedeutung im Geflecht des Lebens. Jede Person ist, philosophisch und religiös gesprochen, ungleich mehr als ein gut organisierter Zellverband. -

Eine erste Ahnung davon, dass der Tod nicht das letzte Wort über den Verstorbenen haben darf, brachte unsere frühesten Vorfahren vor rund 100.000 Jahren dazu, die Toten mit Grabbeigaben zu bestatten. Das sind die ersten Hinweise auf eine Jenseitsvorstellung, zugleich die ältesten Zeugnisse menschlicher Kultur. Die Idee, es könnte danach noch ein anderes Leben geben, ist also faktisch viel älter als die heute verbreitete materialistische Vorstellung, die nur gelten lässt, was wissenschaftlich belegbar ist. Wir sprachen ja schon darüber, wie einseitig ein solches Wirklichkeitsverständnis bleibt.

Ich erinnere mich. Wenn das Thema so alt ist wie Menschheit, sich also schon viele Philosophen damit beschäftigt haben, gibt es doch sicher auch ganz unterschiedliche Meinungen über den Tod und das Jenseits.

Das Nachdenken über die Endlichkeit unserer Existenz war stets ein bevorzugtes Thema in den

70

Religionen und in der Philosophie. Deren Positionen hier genauer zu besprechen, würde zu weit führen. Aber wir können uns auf ein paar fundamentale Ideen konzentrieren, die besonders erfolgreich waren und sind. Vielleicht findest du dazu auch das eine oder andere Argument, was dafür oder dagegenspricht.

Okay, ich bin gespannt und werde es versuchen.

Beginnen wir im antiken Griechenland. Der Philosoph Platon (427-347 v. Chr.) entwarf ein Modell, das bis heute nachwirkt. Für ihn besteht der Mensch aus einer zeitlich begrenzten Verbindung des sterblichen Körpers mit einer unsterblichen Seele. Der materielle Körper ist für ihn eher eine Art Gefängnis für den eigentlich wichtigen Teil, den Geist. Im Tod trennen sich Körper und Seele, die dann an ihren Ursprungsort zurückkehrt, den er das „Reich der Ideen" nennt. Der Tod betrifft also letztlich nur die materielle Außenseite, die unsterbliche Seele bleibt davon unberührt. Wer sich folglich weniger mit seiner physischen Erscheinung identifiziert, sondern mit der unsichtbar damit verbundenen Seele, bräuchte den Tod nicht wirklich zu fürchten. Ein Jenseits würde ja auf ihn warten.

Das entspricht doch ungefähr dem, was du vorhin als die religiöse Sicht dargestellt hast. Bei Beerdigungen wird

71

doch auch gesagt, die Seele des Verstorbenen sei nun im Himmel, bei Gott. Da frage ich mich dann: Wo soll das sein? Sind Seele und Mensch faktisch dasselbe? Was machen die Seelen im Jenseits? Denn es ist schon eigenartig, sich selbst ohne Körper vorzustellen. Zahnschmerzen und Bauchweh fallen dann weg, aber auch alle anderen sinnlichen Genüsse. Essen, Trinken und Sex sind für körperlose Seelen wohl kein Thema mehr. Oder?

Erwarte bitte nicht, ich könnte nun alle Fragen beantworten. Wenn man einmal in das Karussell der Ideen einsteigt, kommt man so schnell nicht wieder raus. Vieles können wir nur streifen für einen kleinen Überblick.

Dass dieses Modell sich so christlich anhört, liegt daran, dass sich das frühe Christentum in den ersten Jahrhunderten in den griechischen Kulturraum ausdehnte, man sich also auch mit der Gedankenwelt von Platon auseinandersetzen musste. Es kam schließlich zu mancherlei neuartigen Verschmelzungen mit der christlichen Theologie, weshalb uns das nachträglich so vertraut erscheint. Die Kernidee stammt also aus der griechischen Philosophie, nicht aus dem biblischen Denken, wo man von einer untrennbaren Einheit von Materie und Geist ausging. In der Bibel ist der Mensch als

Ganzheit vom Tod betroffen, vertraut aber auf die Macht und Güte Gottes, nach dem Tod wieder ein neues, andersartiges Leben zu schaffen.

Damit sind wir schon bei einem zweiten Modell, nämlich dem der großen Religionen. Da müssen wir aber zwischen der westlichen und der östlichen Tradition unterscheiden. Die heute im Westen beheimateten Religionen, also Judentum, Christentum und Islam, haben gemeinsame Wurzeln in der Welt der Bibel, genauer gesagt in den Schriften des Alten Testaments.

Sie eint der Glaube an eine jenseitige Welt. Dieser Glaube ergibt sich, ich habe es eben angedeutet, aus dem Glauben an die Schöpfermacht und Barmherzigkeit Gottes. Nur er vermöge dem Menschen im Tod wieder eine Zukunft zu schenken. Die Lebensgeschichte und Individualität des Menschen bleiben dauerhaft erhalten, enden schließlich bei Gott, von dem einst alles Leben ausging.

Da kommen doch auch Hölle und Fegefeuer drin vor, oder nicht.

Im Prinzip schon. Ich rate aber zur Vorsicht mit solchen Begriffen, da sie leicht die eigene Phantasie beflügeln und lange Zeit kirchlich missbraucht wurden, um durch die Angst der Leute die Macht der Institution zu sichern. Das ist alles ziemlich daneben. Es sind vielmehr symbolische Begriffe, in denen etwas über das durch die Sünde beschädigte Verhältnis zu Gott ausgesagt wird. Jedenfalls meinen sie keine konkreten „Orte" irgendwo in der Tiefe der Erde. Das sind selbstgemachte Drohbilder. Bemerkenswert bist dabei, dass die christliche Theologie bis heute von keinem einzigen Menschen annimmt, er sei definitiv in der Hölle. Der Begriff meint lediglich einen Zustand absoluter Gottesferne, den der Mensch selber gewählt hat, da er in seiner von Gott geschenkten Freiheit natürlich auch Nein zu Gott sagen kann. Darin ist unsere Freiheit radikal zu Ende gedacht.

In den großen Religionen Asiens, dem Hinduismus und Buddhismus, denkt und glaubt man über das Menschsein und den Tod grundlegend anders. Auch das dürfte dir nicht ganz unbekannt sein. Ich meine die Lehre von der Wiedergeburt, auch als Reinkarnation (= Wieder-Fleisch-Werdung) bezeichnet. Während wir bei uns von einem einzigen Leben ausgehen, glaubt ein Hindu bzw. Buddhist an eine lange Folge von irdischen Existenzen. Der Tod beendet nur das momentane Dasein, dem in einer gewissen zeitlichen Distanz eine Wiedergeburt in einem anderen Körper folgt, der wiederum sterben wird und so weiter.

In einigen Details unterscheiden sich beide Religionen, doch darauf müssen wir jetzt nicht eingehen. Die vielen Wiedergeburten ergeben sich aus der Wirkung des schlechten Karmas, das im jeweils nächsten Leben ausgeglichen werden soll. Wir würden das vielleicht Verfehlung, Schuld oder Sünde nennen, ein Handeln, das den Menschen vom Bereich des Göttlichen trennt. Erst wenn diese Hindernisse beseitigt, die Seele frei ist von irdischen Bedürfnissen, muss sie nicht mehr wiedergeboren werden und vereint sich mit dem großen Geist des Alls.

Wie denkst du darüber?

Hier merke ich, dass ich in meinem Denken doch stärker von der europäischen Mentalität und vielleicht auch von der christlichen Tradition infiziert bin als ich vorher dachte. Viele Male in dieser Welt geboren zu werden in dem Bewusstsein, dass es bis zur endgültigen Erlösung noch einige Wiederholungen nötig sind, mag manchem ja reizvoll erscheinen, mir kommt es eher vor wie eine Tretmühle vor, die man erst nach erledigter Arbeit verlassen darf. – Kann man sich überhaupt an das vorherige Leben erinnern? Und wonach wird es festgelegt, als wer und unter welchen Umständen man wiedergeboren wird?

Deine Fragen sind auch meine. Es gibt immer wieder Berichte, dass sich jemand an sein letztes Leben erinnern könne. Aber das scheinen Ausnahmen zu sein. Wenn ich mich aber schon nicht an die jeweils letzte Lebensgeschichte erinnern kann, wie weiß ich dann, was damals schiefgelaufen ist, ich diesmal also besser machen sollte? Verzeiht mir das Karma-Gesetz keinen Irrtum oder Fehler?

Das Versprechen mehrerer Leben fasziniert wohl erstmal diejenigen, die bis dahin nur die Ein-Leben-Perspektive kannten, aber mit dieser Einschränkung nicht zufrieden waren. Mehr Leben ist doch immer gut. – Ein Inder etwa wird diese Freude nicht ganz teilen können. Ihm erscheint das, wie dir, als ein Zwang, dem man sich leider zu beugen hat. Das Ziel bleibt ja der Ausstieg aus dem Kreislauf der Wiedergeburten.

Soweit in aller Kürze zum Modell der Religionen.

Es gibt noch zwei weitere nicht-religiöse Deutungsansätze, die sich einiger Beliebtheit erfreuen. Der eine davon stammt von Karl Marx (1818-1883) und lehnt bewusst jede Vorstellung von einem jenseitigen Leben ab. Für ihn als ausgemachten Religionskritiker zählt allein das diesseitige Dasein. Von einem Menschen, so sagt er, bleibt nur das erhalten, was er bis zu seinem

Tod durch seine Arbeit geschaffen hat, vor allem für die Gesellschaft, denn die existiert ja weiter. Alles andere ist für ihn nutzlose Spekulation, die an den realen Verhältnissen nichts verbessert. Punkt. Dieser Gedanke war und ist in den sozialistischen Gesellschaften prägend.

Da taucht wieder das materialistische Menschenbild auf, das mit Geist, Seele und Himmel nichts am Hut hat. Wenn bloß meine Leistung für die Gesellschaft zählt, käme ich mir als Mensch etwas unterbewertet vor. Arbeit ist doch nicht alles.
Und was ist der andere Ansatz?

Der ist im Grunde ebenso materialistisch wie simpel. Die Idee lautet schlicht: Ich lebe in meinen Kindern weiter. Manchmal wird neben die Kinder noch etwas gestellt, dass man, ganz im Sinne von Marx, der Nachwelt hinterlässt: Ein Buch, eine Formel, eine Erfindung oder Ähnliches. Jedenfalls etwas, das beständiger ist als man selbst.

Das mit den Kindern ist doch irgendwie wahr. Genetisch geben wir doch viele unserer individuellen Merkmale an die Nachkommen weiter.

Rein biologisch betrachtet stimmt das ungefähr. Aber was heißt das, dass du, wie man so sagt, die Nase deiner Mutter und die Geduld von deinem Vater hast? Ist deine Identität nicht eine völlig neue und andere? Wie soll man sich das genauer ausmalen, „in den Kindern" weiter zu leben? Sind dann alle meine Vorfahren irgendwie in mir drin? Wer bin ich dann selber?

Und noch andere Probleme hat dieses Motto im Gepäck: Wenn ich das ernsthaft glaube, habe ich gar keine Wahl mehr, ich muss Kinder in die Welt setzen, sonst gibt es kein Weiterleben. Und was ist dann mit den Menschen, die keine Kinder bekommen können, aus welchen Gründen auch immer?

Du siehst, sich selber nur über das Erbgut zu definieren, führt in manche Zwickmühle. Damit bleibt es wenig überzeugend.

Danke für den kurzen Überblick. Daran habe ich noch ein wenig zu grübeln. Bei einer Sache muss ich aber an dieser Stelle gleich nachhaken. Die christliche Sichtweise hast du grob umschrieben. Doch wenn ich richtig weiß, spielt im Christentum die Auferstehung von Jesus die eigentliche Hauptrolle. Hängt für Christen wirklich alles daran, dass ein bestimmter Mensch vor 2000 Jahren angeblich drei Tage nach seinem Tod wieder lebendig geworden sein soll?

Ja und Nein. Die Rede von der Auferstehung (oder: Auferweckung) Jesu wird oft total missverstanden. Es geht eben nicht darum, dass Jesus, biologisch ein Mensch wie alle anderen, nach seinem grausamen Tod am Kreuz, plötzlich und gegen alle Naturgesetze wieder lebendig geworden wäre. Jesus war kein Zombie. Die Auferstehung ist kein historisches Ereignis. Ein Kamerateam oder ein Fotograf, sofern sie damals hätten dabei sein können, wären unverrichteter Dinge wieder abgezogen, da es für die Augen nichts Spektakuläres zu sehen gab, eigentlich gar nichts.

Dieser veräußerlichte Irrtum treibt leider immer wieder neue und irreführende Blüten. Besonders auffällig wird das beim Medium Film: In den meisten Jesus-Filmen lässt man den Hauptdarsteller als Auferstandenen einfach genauso wieder sichtbar auftreten wie vorher, zur freudigen Verwunderung seiner Freunde: Er ist auferstanden, hurra! Den Zuschauern wird dadurch genau dieses falsche und unglaubwürdige Verständnis der Auferstehung immer wieder vorgeführt. Jeder halbwegs gebildete und vernünftige Mensch wird diese Botschaft zwangsläufig mit Kopfschütteln quittieren, da das so unglaubhaft aus dem Rahmen fällt. Eine bedeutsame Verbindung mit dem eigenen Leben und Sterben lässt sich da wohl nur ganz naiv und fundamentalistisch aufzeigen. Mit einem aufgeklärten Glauben hat das nichts zu tun.

Du erinnerst dich, was wir über ein angemessenes Verstehen der biblischen Schöpfungserzählungen festgehalten haben?

Dass man sie nicht wortwörtlich verstehen darf, weil die Erzähler mythische Bilder und Symbole benutzen, die auch als solche gelesen werden sollen.

Genau. Auf dieser Spur müssen wir auch in Sachen Auferstehung folgen. Die Autoren der Evangelien nutzten für ihre Botschaft, dass die Person Jesu und sein Anliegen durch seinen schmählichen Tod nicht widerlegt und abgehakt sei, in der Sprache und Denkwelt ihrer Zeit. Sie entwarfen dazu eine Reihe von bildgewaltigen und sehr eigenwilligen Geschichten, die in unseren Ohren recht paradox und unrealistisch klingen.

Seine Freunde hatten die Erfahrung gemacht, dass dieser Jesus so überschäumend voll von Lebendigkeit war, dass er auf seine Mitmenschen, denen man das Leben schwermachte oder die es selber zu schwernahmen, eine befreiende und belebende Wirkung hatte. Seine Lehre und seine Ausstrahlung gaben Grund zu der Ansicht, er verkörpere in unvergleichlicher Weise das, was Leben sein soll, wie Menschen zu sich selbst und damit zu Gott finden können.

Der Liebe und Menschenfreundlichkeit Gottes auch angesichts des Todes zu vertrauen, war dann nur konsequent.

Von einer Auferstehung zu sprechen meint dann positiv, so der Theologe Hans Küng: „Jesus ist nicht ins Nichts hineingestorben, sondern ist im Tod und aus dem Tod in jene unfassbare und umfassende letzte und erste Wirklichkeit hineingestorben, von jener wirklichsten Wirklichkeit aufgenommen worden, die wir mit dem Namen Gott bezeichnen" (8).

Ich weiß, die Theologensprache ist gewöhnungsbedürftig. Aber es geht schließlich um ein Geheimnis des Glaubens, zu dessen Beschreibung oder Erklärung wir mit dem Werkzeug unserer Sprache leider nur ein bedingt taugliches Mittel zur Verfügung haben. Das Eigentliche kann man oft nur unzureichend in Worte fassen, aber eine andere Möglichkeit bleibt uns nicht, sofern das Gemeinte kommunizierbar und verständlich sein soll.

Vielleicht kann dir aber eine andere Überlegung, die mir sehr sympathisch erscheint, noch eine nützliche Brücke anbieten. Der Religionspädagoge Günther Weber möchte Auferstehung in einem plausiblen Kontext von Literatur, Natur und Geschichte verstehen:

„Die Evangelien erzählen von Jesus, dass er von den Toten auferstanden ist, dasselbe, was auch die Mythen von ihren Heroen und Gottessöhnen erzählen. Ich muss nun weiter nachfragen: Kann es vielleicht sein, dass beide Aussagen einen *gemeinsamen Ursprung*, eine *gemeinsame Wurzel*, eine *gemeinsame Quelle* haben und *gemeinsam Wahrheit* aussprechen? Dann wäre die Wahrheit über die Auferstehung Jesu nicht im Historischen, nicht in einem einmaligen Ereignis der Vergangenheit zu suchen, sondern in etwas, was über die Zeiten und ihre unterschiedlichen Denkweisen hinweg *allgemein menschlich* ist. (...)

Alles, was ist, ist irgendwann und irgendwie dem Untergang, dem Vergehen, dem Sterben unterworfen. Doch ist dieses Vergehen nicht das Ende. Es ist Teil eines Umwandlungsprozesses. Es ist der Beginn eines Neu-erstehens in gewandelter Gestalt, einer «Neu-Schöpfung». Das können Menschen seit Anbeginn der Menschheitsgeschichte überall in der Welt erfahren, zu allen Zeiten und in allen Bereichen. Es ist eine Grundwahrheit des ganzen Daseins. (...)

Vergehen und Neuwerden, Sterben und Auferstehen sind Grundvorgänge des gesamten Lebens. Es entsteht nichts Neues, ohne dass Altes zugrunde geht. Dass Altes vergeht, ist die Voraussetzung dafür, dass Neues werden

82

kann. Solche «Wahrheit» festzuhalten ist wichtig für die Menschheit. Sie ist wichtig für die individuelle und kollektive Bewältigung der Erfahrung von Untergang, Vergehen und Tod bei jedem einzelnen Menschen. Sie hilft, mit solchen Erfahrungen fertigzuwerden, gibt Hoffnung, dass der Tod nicht das letzte Wort hat. Sie schenkt Kraft zum Weiterleben" (9).

Wow, diese Brücke hilft mir echt. Sie macht mir besser nachvollziehbar, was mit diesem schwierigen Begriff eigentlich gemeint ist. Das Auferstehen hängt damit nicht so exklusiv an Jesus fest, obwohl die Sache dadurch nicht weniger geheimnisvoll wirkt.
Eine letzte Sache möchte ich noch ansprechen, die immer wieder in Magazinen und TV-Dokus auftaucht, nämlich über Leute, die sagen, sie seien schon mal kurz im Jenseits gewesen und könnten uns nun nach ihrer Wiederbelebung die Wahrheit über das Jenseits berichten.

Du sprichst von den sogenannten Nah-Tod-Erfahrungen. Diese Patienten berichten davon, dass sie bei einem Unfall, während einer Operation oder einem Herzstillstand ihren physischen Körper verlassen konnten, einem unvergleichlichen Licht begegnet seien,

83

bereits verstorbene Verwandte getroffen hätten und ihr bisheriges Leben als eine Art Film vor ihnen abgelaufen sei. Die meisten Menschen mit solchen Erlebnissen schildern das Ereignis als äußerst angenehm und bereichernd. Sie wären gerne länger in diesem Zustand geblieben, doch die erfolgreiche Wiederbelebung (Reanimation) der Mediziner riss sie wieder in ihr irdisches Leben zurück. Später erzählten sie dann von dieser höchst ungewöhnlichen und teils verstörenden Erfahrung.

Die Berichte haben sich in den letzten Jahrzehnten stark gehäuft. Sie weisen bemerkenswert viele Parallelen auf, bleiben aber trotzdem umstritten. Medizinisch gesehen waren diese Menschen nicht endgültig gestorben, sondern nur „klinisch" tot, das heißt, ihre Hirnströme waren noch nicht erloschen. Der Hirntod gilt nämlich in der heutigen Medizin als Kriterium der Todesfeststellung, was aber auch nicht unumstritten ist.

Wenn diese Patienten strenggenommen nicht wirklich tot waren, sondern sich in einem „Zwischenzustand", aber noch diesseits der Todesgrenze, befunden haben, ist es zumindest zweifelhaft, ob das Erlebte wirklich ein Blick ins Jenseits war. Wissenschaftlich ist das nicht zu belegen.

Und die Mediziner haben durchaus plausible Erklärungen für das Auftreten solcher Grenzerfahrungen. Manche Details in den Berichten stimmen zwar nachdenklich, etwa was die Patienten während dieser Phase tiefer Bewusstlosigkeit in ihrem direkten Umfeld wahrgenommen hatten, obwohl das eigentlich nicht möglich war. Trotzdem lässt sich aus diesen Nah-Tod-Erlebnissen kein objektiver Beweis für ein Leben nach dem Tod ableiten.

Das bedeutet umgekehrt allerdings nicht, dass dies keine realen Erfahrungen waren. Für die Betroffenen war das alles höchst real, hat sogar oft ihr weiteres Leben in neue Bahnen gelenkt, doch bleibt es eine subjektive Wahrheit. Nicht mehr, aber auch nicht weniger. Wer hier wohlwollend urteilt, wird vielleicht von Indizien sprechen, dass am Ende des Sterbevorgangs doch mehr als nur eine verschlingende Dunkelheit stehen könnte.

Da wir auch auf diesem Wege keinen gültigen Beweis ausmachen können, befinden wir uns wieder bzw. noch immer an der ultimativen Linie, die allen Lebenden dieselbe Frage stellt: Glaubst du an eine Existenz nach deinem Tod?

Der Glaube daran hat gute Gründe. Finde ich wenigstens.

4

Gott – wer oder was soll das eigentlich sein?

Ich denke, es ist nun an der Zeit, dass wir endlich mal genauer über Gott reden. In den letzten Gesprächen kam Gott zwar immer wieder vor, aber so richtig durchblicken kann ich noch nicht. Du glaubst doch schließlich an Gott, oder etwa nicht?

Welchen meinst du denn?

Was soll das heißen, welchen ich meine? Ich denke, es gibt nur einen Gott.

Das denke ich zwar auch, dennoch reizt mich stets die Rückfrage, weil ich ja nicht weiß, was derjenige, der mich fragt, selber für eine Vorstellung mit dem Begriff Gott verbindet. Wenn ich einfach mit Ja oder Nein antworte, bleibt für mich im Dunklen, welche Ansicht ich damit bestätigt oder abgelehnt habe.
Also: Was verbindest du mit dem Wort Gott?

Das kommt mir jetzt zwar ein wenig unfair vor, da ich doch um Erklärung bitte. Aber deinen Grund verstehe ich.
Was fällt mir zu Gott ein? Eine überweltliche Macht, die möglicherweise unser Schicksal lenkt? Eine Art kosmischer Energie, die hinter den Naturgesetzen steckt? Jedenfalls keinen weißbärtigen alten Mann, der „irgendwo da oben" haust und uns beobachtet. Das käme mir

89

selber lächerlich vor. Genauer kann ich es gar nicht sagen. Das Wort Gott umgibt für mich ziemlich viel Nebel. Und wegen der Hilfe für eine kleine Portion Klarheit sitze ich doch hier.

Schon gut. Ich will dich ja nicht quälen. Du merkst aber, wie unklar die Verwendung des Wortes Gott tatsächlich ist, und wie notwendig das Nachfragen. Jeder trägt faktisch eine ganz bestimmte Vorstellung von Gott mit sich herum, die entweder einfach aus der Phantasie erwächst, aus dem Hörensagen, oder die sich bewusst auf eine religiöse Tradition bezieht. Diese Gottesvorstellungen (oder Gottesbilder) können selbst innerhalb eines konkreten Bezugsrahmens, etwa dem des Christentums, sehr verschiedenartig ausfallen. Sie verraten oft mehr über den Menschen, der diese Idee im Kopf hat, als über Gott. Denn in diesen Vorstellungen bündeln sich typisch menschliche Wünsche, Interessen, Sehnsüchte, Hoffnungen und Ängste, weswegen diese Gottesbilder immer kritisch unter die Lupe zu nehmen sind. Sie sind ja in der Regel sehr ernst gemeint und haben daher auch ganz reale Auswirkungen auf das Leben eines Gläubigen.

Kannst du das mal an einem Beispiel klarmachen?

Du hast vermutlich schon mal Sätze gehört, wie „Der liebe Gott sieht alles!" oder „Die kleinen Sünden bestraft der liebe Gott sofort!". Äußerungen, die meist Kinder über Generationen hinweg von ihren Eltern zu hören bekamen mit einer gezielten pädagogischen Absicht. Gott wird dabei als ständiger Aufpasser vermittelt, der bei ent-sprechendem Fehlverhalten zum Bestrafer wird. Er dient damit als verlängerter Arm der Eltern, steigert deren Macht und Autorität. Bei den Kindern wird dadurch nur Angst erzeugt vor einem unsichtbaren Beobachter, dessen kontrollierender Blick noch viel weiter reicht als die Augen der Eltern. Ausweichen und Verstecken sind bei diesem allsehenden himmlischen Spion nicht mehr möglich.

Nicht viel anders verhält es sich mit der leicht drohenden Bemerkung „Wenn du nicht lieb bist, dann kommt das Christkind nicht!". Die zu erwartenden Geschenke am Weihnachtsfest sollen durch das moralische Wohlver-halten der Sprösslinge quasi erkauft werden. Wirklich akzeptiert und gemocht sind schließlich nur die braven Kinder, bei den Eltern und bei Gott. Die Guten werden von Gott belohnt, die Bösen bestraft. So einfach ist das.

Hier wird völlig bedenkenlos ein bedrohliches und angst-machendes Gottesbild gezeichnet, das sich wie ein schleichendes Gift in der Kinderseele ausbreiten kann.

91

Sofern diese Kinder sich nicht irgendwann – um ihrer Freiheit und seelischen Gesundheit willen – von dieser bedrückenden Religiosität abwenden, werden sie auch als Erwachsene noch mit diesem Gott im Hinterkopf zu kämpfen haben.

Die enge Verknüpfung von Religion und Moral hatte schon immer fatale Folgen, von der familiären Erziehung bis in die Politik. Die genannten kleinen Beispiele zeigen nur, wie leicht man Gott benutzen und missbrauchen kann. In allen Religionen kennt man diese Gefahr. Der Theologe Heinz Zahrnt hat das Problem gut zusammengefasst: „Weil die Bauern am guten Wetter interessiert waren, wurde Gott für sie zum Wettergott; weil die Soldaten sich den Sieg wünschten, riefen sie Gott als den Schlachtenlenker an; weil die Herren ihre Macht zu erhalten trachteten, beriefen sie sich auf Gott als den Hüter der Ordnung; weil die Besitzenden ihren Besitz zu rechtfertigen suchten, nannten sie Gott den Geber aller guten Gaben; weil die Armen und Unterdrückten sich nach Gerechtigkeit und Freiheit sehnten, riefen sie das Reich Gottes als klassenlose Gesellschaft aus. So suchte jeder bewusst oder unbewusst sein eigenes Suppentöpfchen auf dem Feuer des göttlichen Altars mitzukochen" (10).

Ein Skeptiker wird nun leicht sagen können: Gott ist nur eine Idee im Kopf, die für alle möglichen Zwecke eingesetzt werden kann. Mehr sei am Thema Gott auch nicht dran. Was kann man ihm dann antworten?

Wie Menschen mit der Idee Gott umgehen, sagt ja über die Existenz oder Nichtexistenz Gottes noch nichts aus. Wie gesagt, Gottesbilder verraten erstmal etwas über die Menschen und ihre Antriebe, über die Gesellschaft, die Kultur und die Zeit, in der solche Vorstellungen anzutreffen sind.

In dem Wort Gott wird von jeher ein Geheimnis zur Sprache gebracht, das sich der menschlichen Verfügung entzieht und mit Worten nicht hinreichend definiert werden kann. Durch diese Offenheit entsteht reichlich Raum für Interpretation und Phantasie, die jedoch noch keinen Grund zur Sorge bieten. Wir neigen alle zu bildhaften Vorstellungen, gerade bei abstrakten Begriffen. Problematisch wird es dort, wo Bilder und Symbole nicht mehr nur als hilfreiche Hinweise auf die dahinterstehende unsichtbare Wirklichkeit verstanden werden, sondern selber schon für das Eigentliche gehalten werden. Wenn ich sage „So stelle *ich* mir Gott vor (weiß aber natürlich, dass das lediglich meine eigene geistige Ausmalung ist)", dann hat das eine andere Qualität und Konsequenz als wenn ich sage „So *ist* Gott wirklich". Auf der eignen Sichtweise zu beharren und sie als einzige Wahrheit zu verkünden, führt nicht selten zu Zensur, Unterdrückung, Verfolgung und schlimmstenfalls zur Vernichtung des Andersdenkenden. Vergangenheit und Gegenwart führen uns solche geistigen Verirrungen zur Genüge schmerzlich vor Augen, nicht nur im Bereich der Religion.

Vor dieser Gefahr warnt schon das Alte Testament, wo es in den Zehn Geboten heißt: „Du sollst dir kein Bildnis noch irgendein Gleichnis machen" (Exodus 20,4). Mit „Bildnis" waren damals handgefertigte Figuren gemeint, die der unmittelbaren Anbetung dienten. Die Bibel schildert an vielen Stellen den Kampf gegen allzu konkrete Vorstellung von Gott, der eben unvorstellbar bleibt, was eine echte Herausforderung für das menschliche Denken darstellt.

Wenn ich richtig weiß, wird aber doch in der Bibel immer wieder ganz plastisch von Gott geredet. Ist das nicht ein Widerspruch?

Nicht wirklich. Die biblischen Autoren waren zwar Kinder ihrer Zeit, wussten um die Neigung unserer Phantasie, haben daher zugleich eine Vielzahl von Gottesbildern verwendet, durch deren Unvereinbarkeit signalisiert wurde, wie typisch menschlich und wie relativ solche Bilder sind. Gerade das Alte Testament kennt – geprägt durch die patriarchale Gesellschaft - eine ganze Reihe männlicher Gottesbilder: z. B. Schöpfer, Herr, Richter, König, Hirt, Vater. Weniger nachhaltig wird dort von Gott auch als Mutter, Amme oder Trösterin gesprochen. Ebenso wird er als Fels, Burg, Arzt oder Licht angesprochen. Im Neuen Testament wird die Liebe zum maßgebenden Begriff der Gottesrede.

Gerade diese Pluralität symbolischer Bilder verhindert, den geheimnisvollen Gott auf eine einzige Vorstellung festzulegen, den Begriff Gottes letztlich offenzuhalten.

Darüber hinaus entwickelt sich das biblische Nachdenken über Gott vom anfänglichen Stammesgott, später zum Nationalgott Israels und schließlich zum Gott für alle Menschen und Völker. Ein mühsamer Denkweg der Theologie über Generationen und Jahrhunderte.

Wie aber kann man heute vernünftig von Gott reden? Welche Argumente sprechen dafür, dass es Gott wirklich gibt?

Wenn du nach Argumenten fragst, muss ich nun doch etwas theologischer reden. Ich versuche dennoch, die wichtigsten Gedanken in knappen und hoffentlich

95

verständlichen Worten zu umreißen. Teilweise kamen sie schon zur Sprache. - Also, der Glaube argumentiert:

Erstens: Die physikalische, sinnlich-erfahrbare Wirklichkeit ist kontingent, d. h. sie hat ihren Grund zum Dasein nicht aus sich selbst heraus. Es gibt keinen logisch zwingenden Grund, warum es sie geben muss. Sie verweist auf eine andere Art von Wirklichkeit, einen tragenden Ur-Grund, dem sie ihr Dasein verdankt, der sie dauerhaft im Dasein erhält.

Zweitens: Diese andere Wirklichkeit, Gott, ist transzendent, d.h. sie ist mit unseren äußerlichen Sinnen nicht direkt wahrnehmbar, wir können nur mit guten Vernunftgründen auf sie schließen. Sie ist sogar die einzig wirkliche Wirklichkeit, weil sie allein dauerhaft existiert, da die uns zugängliche Wirklichkeit, die gesamte Schöpfung, keinen unbegrenzten Bestand hat. Alles entsteht und vergeht wieder, nur dieser Ur-Grund bleibt.

Drittens: Gott als tragender Ur-Grund von allem, was existiert, ist selber aber kein Teil dieser Welt. Daher ist er mit den Mitteln der Naturwissenschaft nicht zu erfassen und nicht zu widerlegen. Er ist anders als alles, was wir mit den Sinnen und unserem Verstand erkennen können. Weil Gottes Wirklichkeit eben nicht eine Wirklichkeit neben den anderen ist, kann er zugleich, quasi als eine

Tiefendimension, in der uns erkennbaren Wirklichkeit auf besondere Weise anwesend sein.

Viertens: Aus der Transzendenz Gottes ergibt sich, dass Menschen nicht über Gott verfügen, ihn nicht einplanen und nicht zu lenken vermögen. Er ist und bleibt anders als alles, was wir denken und uns vorzustellen in der Lage sind. Daher reichen auch alle Bilder und Begriffe über Gott nicht mal annähernd an ihn heran. „Das Wesen Gottes, wie es in sich selber ist, können wir in diesem Leben nicht erkennen", betonte schon im 13. Jahrhundert der große Kirchenlehrer Thomas von Aquin. Alles definitive „Wissen" über den bleibend transzendenten Gott entbehrt also jeglicher Grundlage.

Fünftens: Dass wir als Menschen zu dieser transzendenten Wirklichkeit Gottes überhaupt einen Zugang finden können, setzt voraus, dass wir als geschaffene Wesen die prinzipielle Fähigkeit zum Transzendieren besitzen, also in der Lage sind, mit unserem Geist über die endliche Welt hinauszudenken. In der Bibel ist das mit dem Ausdruck, wir seien „Ebenbilder Gottes" (Genesis 1,27) angedeutet. Nur der Mensch vermag nach seinem Ursprung und seiner Zukunft zu fragen, kann über die Wunder der Natur staunen und über die Daseins-Bedingungen der Welt, über Freude und Schmerz, die Liebe und den Tod reflektieren.

Sechstens: Gott als transzendent zu bestimmen, klärt, wie gesagt, noch nichts darüber, wer oder wie Gott eigentlich ist. Zu dieser Erkenntnis kommen wir nicht von uns aus. Der einzige Weg dazu kann nur von Gott ausgehen, er muss sich selbst dem Menschen „offenbaren". „Damit setzt das Christentum nicht bei einem >allgemeinen<, philosophischen oder durch Abstraktion aus verschiedenen Religionen gewonnenen Gottesbegriff an, sondern bei den Erfahrungen, die Menschen durch die Geschichte hindurch mit dem sich mitteilenden Gott machen und die in der Bibel ihren schriftlichen Niederschlag gefunden haben" (11).

Für die biblische Überlieferung ist Gott dann kein namenloses Wesen, er wird erfahren als der Ferne und Nahe zugleich, als ein personales ansprechbares Du, das sich als leidenschaftlicher Freund des Lebens und der Freiheit zeigt.

Diese „Offenbarung" lässt sich ansatzweise mit der Erfahrung der Liebe vergleichen: Die Aussage „Ich liebe dich!" kann sich niemand selber sagen, sie muss mir von einer anderen Person entgegengebracht werden. Dieses andere Du muss sich mir gegenüber das der Liebende offenbaren. Ohne diese Mitteilung der entscheidenden Wahrheit über die Beziehung kann ich sie nicht wissen.

Für die im Glauben erfahrbare, aber trotzdem entzogene Nähe Gottes spricht z. B. die islamische Tradition davon, „dass Gott dem Menschen näher ist als die Halsschlagader" (Sure 50,16).

Siebtens: Der christliche Glaube mündet mit seiner Gottesrede bei dem Mann aus Nazareth. Das Neue Testament kreist um das Bekenntnis, dass in Jesus der ansonsten in seinem Wesen unbegreifliche Gott eine unvergleichlich konkrete Gestalt angenommen habe, dass Jesus durch sein Leben und seine Lehre, vor allem durch seine Gleichnisse, gezeigt habe, worin die Wahrheit über die Welt und den Menschen bestehe. „Für Jesus ist Gott alles andere als fern, er ist kein Herr, kein himmlischer König, kein Allmächtiger, sondern er ist das, was kaum jemand – und schon gar nicht ein frommer Mensch – von ihm je sagen würde: Er ist das Allerselbst-verständlichste. Er ist Feigenbaum, Acker, Weg, mensch-liches Gesicht – also alles, was wir vor Augen und um uns herum haben. Fast alle Gleichnisse, die Jesus erzählt, sprechen vom Reich Gottes und haben darum diese Pointe. Gott ist überall, und daher ist er vor allem dort, wo wir ihn am allerwenigsten vermuten: direkt vor und bei uns" (12).

Fazit: Gott als das unbegreifliche Geheimnis ist fern und nah zugleich. Er ist in allen Dingen und in jedem Menschen. Er begegnet im Nächsten, vor allem in den Schwachen, Armen, Kranken und Unterdrückten, die daher als „Ebenbilder Gottes" in ihrer unverlierbaren Würde zu achten und zu stützen sind.

Wow, das war nun ein echter Galopp durch das theologische Denken und Glauben. Sorry, wenn das jetzt etwas viel am Stück war, dabei habe ich Vieles schon weggelassen, um den kurzen Abriss – und dich! – nicht unnötig zu überfrachten.

Das war ehrlich eine volle Ladung, die erstmal sacken muss. Dazu werden mir später wahrscheinlich noch weitere Fragen einfallen. Aber bis hierhin erstmal vielen lieben Dank! Du hast mir sehr geholfen!

Zitierte Quellen

(1) Erich Fromm: Haben oder Sein. Die seelischen
Grundlagen einer neuen Gesellschaft, Stuttgart 1976, S. 133

(2) Karl Kardinal Lehmann: Dialog ohne Machtanspruch, in:
Was ist eine gute Religion? Herausgegeben von
Uwe Justus Wenzel, Beck, München 2007, 21-25.23

(3) Augustinus: Bekenntnisse, eingeleitet, übersetzt und
erläutert von Joseph Bernhart, WBG, Darmstadt 1984, 629

(4) Luise Rinser: Mit wem reden, Thienemanns, Stuttgart 1980,
19f

(5) Ludwig Wittgenstein: Tractatus logico-philosophicus.
Logisch-philosophische Abhandlung, Suhrkamp,
Frankfurt 1921/1980 (15.Aufl.), Nr. 6.52

(6) Nach D. Steinwede/D. Först: Die Schöpfungsmythen
der Menschheit, Patmos, Düsseldorf 2004, 59 und 126

(7) Jean Ziegler: Die Lebenden und der Tod, Ecowin,
Salzburg 2011, 11

(8) Hans Küng: Credo, Piper, München 1992, 149

(9) Günter Weber: Ich glaube – ich zweifle, Benziger,
Zürich/Düsseldorf 1996, 189-192f (Auszüge)

(10) Heinz Zahrnt, Gotteswende. Christsein zwischen
Atheismus und Neuer Religiosität, SP 1552,
München 1992, 102

(11) Sabine Pemsel-Maier: Grundbegriffe der Dogmatik,
Don Bosco, München 2003, 114

(12) Joachim Kunstmann: Leben eben! Religion für
Sinnsucher – eine Anleitung, GVH, Gütersloh 2013, 80

Zum Weiterlesen empfohlen

Während und nach unseren Gesprächen habe ich meiner Enkelin das eine oder andere Buch in die Hand gedrückt, falls sie das Angesprochene doch noch etwas genauer nachschlagen möchte. Diese Hinweise will ich hier nicht unterschlagen.

- Markus Beile: Religion für Nichtschwimmer, GVH, Gütersloh 2014
- Ralf Frisch: Atheismus adieu. Warum das, was ist, nicht alles ist, Claudius, München 2018
- Hubertus Halbfas: Der Herr ist nicht im Himmel, GVH, Gütersloh 2013
- Timothy Keller: Glauben wozu? Religion im Zeitalter der Skepsis, Brunnen, Gießen 2019
- Hans Kessler: Gott – warum er uns nicht loslässt, Topos tt191, Kevelaer 2016
- Joachim Kunstmann: Leben eben! Religion für Sinnsucher – eine Anleitung, GVH, Gütersloh 2013
- Volker Ladenthin: Zweifeln, nicht verzweifeln! Warum wir Religion brauchen, Echter, Würzburg 2016
- Rainer Oberthür: Das Buch vom Anfang von Allem. Bibel, Naturwissenschaft und das Geheimnis unseres Universums, Kösel, München 2015
- Norbert Scholl: Gott – der die das große Unbekannte, Grünewald, Ostfildern 2020
- Gerhard Staguhn: Wenn Gott gut ist, warum gibt es dann das Böse in der Welt? Fragen an die Religion, dtv 62470, München 2011
- Gerd Theißen: Glaubenssätze. Ein kritischer Katechismus, GVH, Gütersloh 2012

Reiner Jungnitsch

Glauben sie das wirklich?

In Briefen mit Jugendlichen das Leben und den Glauben erkunden

Viele Heranwachsende verfügen heute kaum mehr über ein grundlegendes Wissen in Sachen Glaube, Religion und Christentum. Das Anliegen der christlichen Religion verständlich darzustellen, verlangt heute andere Worte und Wege als früher. Dieses Buch greift zentrale Themen des Glaubens auf und versucht, deren Kern lebensnah zu entfalten.

Paperback, 112 Seiten, 5,90 €

Ebenfalls bei BoD

Könnten Sie auf Anhieb erklären, was Religion eigentlich bedeutet, was es mit dem Glauben auf sich hat? Wissen Sie, warum die Bibel der modernen Wissenschaft gar nicht widerspricht, was man von Gott niemals sagen sollte? Haben Sie verstanden, worum es Jesus in seinen Gleichnissen wirklich ging, was uns die Zehn Gebote heute noch zu sagen haben? - Diese und andere Fragen beschäftigten auch einen Vater, der seinem fragenden Sohn auch in Sachen Religion eine sachliche Auskunft geben möchte. Da er sich ziemlich unsicher fühlt, holt er sich Rat bei seinem früheren Religionslehrer...

Paperback, 212 Seiten, 9,90 €

https://www.bod.de/buchshop/ach-so-ist-das-gemeint-reiner-jungnitsch-9783752648690

104